入社1年目の
教科書
ワークブック

岩瀬大輔

ダイヤモンド社

はじめに

入社 1 年目のあなたが
最初に目指すところ

　学生生活を卒業し、新たに社会人としての生活をはじめる皆さんへ。
本書を手にとっていただき、ありがとうございます。

　私からの応援メッセージとして、今日から心がけたい 3 つのことについてお伝えします。

1　頼まれたことは、必ずやりきる
2　50 点で構わないから早く出せ
3　つまらない仕事はない

　この 3 つは、2011 年 5 月に刊行した拙著『入社 1 年目の教科書』の冒頭に「仕事において大切な 3 つの原則」として取り上げたものです。

　詳しくは 16 ページから見ていただければと思いますが、ここでお伝えしたいのは、入社 1 年目のあなたが最初に目指すところはどこか、ということです。

　優秀な新人？　モチベーションの高い新人？　それも正解だと思います。しかし、まず目指すべきところは次のような人です。

☐ **同僚や周りの人たちから信頼される人**

　本書のテーマはここにあります。

　もう少し具体的に、「信頼される人材」について考えてみましょう。

　皆さん、これまでの人生経験で「あの人は信頼できる」と思った人は、どんな人で、どんな特徴を持っていたか、思い出してください。
「嘘をつかない」「誰に対してもフェア」「約束を守る」「必死に努力する」「きっちりしている」「利己的でない」「人の悪口を言わない」などなど、たくさん出てきたと思います。

どれも正解だと思います。正解は1つではありません。

先ほどの3つの原則もまた、信頼される人材の一例です。

本書を通じて、自分がなりたい「信頼される人材像」を考え、ご自身の「ありたい姿」を明確にしていきましょう。

新卒入社であれ中途入社であれ、新たに組織に加わった人のことは、周囲の人たちはよく見ていますし、評判は瞬く間に社内外に伝播します。

職業人としての「信頼」はビジネスパーソンとしてもっとも大切な資産であり、それを構築していくことがキャリアを積んでいくことそのものなのです。

信頼される人には仕事が多く回ってきます。そうすると、おのずと成長の機会も増えます。そして、さらに信頼を獲得することになります。早く成長したいのであれば、まず周囲からの信頼を勝ち取ることが不可欠なのです。

本書で紹介する3つの原則と50のルールを参考にしていただき、いち早く成果を出し、成長を続けられるプロフェッショナルになっていただければと思います。

今回、『ワークブック』を執筆しようと思ったのは、『入社1年目の教科書』の読者の方のこんな声からでした。

「岩瀬さん、『入社1年目の教科書』を読むだけでなく、さらに理解を深め、時には上司や同僚と語り合い、日頃の生活で実際にできているかを確認したいのです。何かいい方法はありませんか?」

こうして本書は誕生しました。

本書は、次の3つの機能を果たすものになっています。

①『入社1年目の教科書』の内容について理解を深める

② 理解の定着を確認する

③ 実際に行動できているかチェックする

本書に各項目とエッセンスをまとめましたので、『入社1年目の教科書』をまだ読んでいないという方でも、問題なく読み進めることができるでしょう。もちろん、その後に『入社1年目の教科書』を読んでいただければ、また新たな気づきが得られると思います。

　また、本書では『入社1年目の教科書』には書いていない現場の素朴な疑問にもお答えしています。加えて、『入社1年目の教科書』発売当時には普及していなかったLINEなどのツールや、今どきの価値観に合わせた考え方などにも言及しています。そのため、『入社1年目の教科書』とは多少異なるニュアンスのものもあるかもしれません。先にお断りしておきます。

　仕事には、どんな場合も100%正しい解はありません。

　マークシートのテストのように唯一の正解があるわけでもありませんが、先ほどの「信頼される人材」の話のように、たくさんの正解が見つかるかもしれません。その中に自分の所属する組織における最善解があるはずです。

　ぜひ『入社1年目の教科書』と『入社1年目の教科書　ワークブック』を読み進めながら、皆さんで議論を深めていただければと思います。

　2冊は『入社1年目の教科書』というより、皆さんのオリジナルの教科書を作るための「きっかけ」として活用いただくのが「正解」なのかもしれません。

　この2冊をきっかけに、社会人として飛躍的に成長するための第一歩を踏み出していただければ幸いです。

　さっそくはじめましょう。

　2018年1月

岩瀬大輔

本書の使い方

本書は次のような構成になっています。

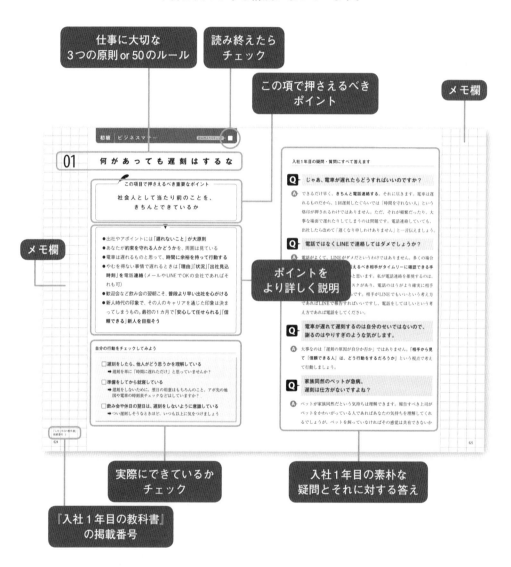

気になるポイントをマーキングしたり、余白に自分なりの気づきを書き込んだりするなどして、徹底的に本書を使いこなしてください。

教わる人・教える人、それぞれの本書活用法

教わる人、教える人、それぞれ次のように本書を活用しましょう。

入社1年目の方 ＝ 教わる人

- 1項目ずつ読み込み、理解できたらチェックボックスに☑
- 「仕事において大切な3つの原則」は必ず最初に読むこと
- わからないことや心配な点があれば、上司や先輩に確認する
- 同期や先輩と話し合うのもおすすめ。「どんな気づきがありましたか？」「先輩が入社1年目のときはどうしていましたか？」など、意見交換や質問をするのもあり
- さらに学びたい人は『入社1年目の教科書』を読もう。本書は「どうやってやるか」に重きをおいているが、『入社1年目の教科書』では「なぜそうやるか」について触れている項目もある。あわせて読むと理解が深まる
- 実際に仕事をしてみて、「なるほどこういうことか！」などと大きな発見があれば、余白にメモしたり付箋に書いて貼ったりして、自分だけの「ワークブック」を完成させよう

上司・先輩の方 ＝ 教える人

- 新入社員と一緒に読みましょう。彼らが「わからないこと」「不安に思っていること」を引き出していく。読み終えたら☑を
- 同時に、「理解したこと」も確認する。「わかったつもり」になっていないか、「自分の仕事にどう活かすか」という視点で1項目ずつチェックする
- 自社のルールと違うものがあれば、随時フォローを
- 仕事において正解は1つではないこと、いろいろな考えや意見があること、多様な価値観があり、それらを認めることが大切であると補足説明する
- 振り返りのアドバイス欄にフィードバックを書く。新入社員が読み返したときに前向きな気持ちになれるようなメッセージを

入社1年目の教科書 ワークブック｜難易度別チェックリスト｜目次

本書で紹介している「3つの原則」と「50のルール」を、次の3つにランク分けしました。それぞれの項目について、できているかどうかチェックします。まだできていないものについては、本書の該当ページおよび『入社1年目の教科書』を繰り返し読んで、1項目ずつ、確実に身につけていきましょう。

※( )内の数字は書籍『入社1年目の教科書』の掲載番号です

初級 新入社員にまず
必ず身につけてほしいこと

中級 これができれば、
仕事を通じて大きく成長できる

上級 ここまで実践できれば
「活躍する新人」になれる

はじめに　入社1年目のあなたが最初に目指すところ ……… 003
本書の使い方 ……… 006
教わる人・教える人、それぞれの本書活用法 ……… 007
書籍『入社1年目の教科書』との併読 ……… 014

初級 新入社員にまず必ず身につけてほしいこと

仕事において大切な3つの原則

☐ 原則 **1** 頼まれたことは、必ずやりきる ……… 016

☐ 原則 **2** 50点で構わないから早く出せ ……… 018

☐ 原則 **3** つまらない仕事はない ……… 020

◉考えてみよう ……… 022

☐ **01** 何があっても遅刻はするな (1) ……… 024

column アメリカ企業も時間にうるさい!? ……… 027

☐ **02** メールは24時間以内に返信せよ (2) ……… 028

☐ **03** 「何のために」で世界が変わる (3) ……… 031

☐ **04** 質問はメモを見せながら (8) ……… 033

column 岩瀬大輔流・メモ術 ……… 036

☐ **05** 頼まれなくても議事録を書け (10) ……… 038

◉考えてみよう ……… 040

☐ **06** アポ取りから始めよ (12) ……… 042

☐ **07** 朝のあいさつはハキハキと (13) ……… 046

column たかがあいさつ、されどあいさつ ……… 049

☐ **08** 仕事は総力戦 (18) ……… 050

column 相談上手になるための2つのチェックポイント ……… 053

- ☐ 09 本を速読するな (20) ……… 054
  - column 『入社1年目の教科書』読者からの手紙 ……… 057
- ☐ 10 スーツは「フィット感」で選べ (31) ……… 058
  - ●考えてみよう ……… 060
- ☐ 11 敬語は外国語のつもりで覚えよ (33) ……… 062
- ☐ 12 相手との距離感を誤るな (34) ……… 066
  - column 社内メールに「○○さん」と書くようになってから ……… 069
- ☐ 13 目上の人を尊敬せよ (35) ……… 070
- ☐ 14 ミスをしたら、再発防止の仕組みを考えよ (38) ……… 073
- ☐ 15 休息を取ることも「仕事」だ (42) ……… 076
  - column 人生の3分の1を過ごすベッドへの出費は惜しみなく ……… 079
  - ●考えてみよう ……… 080
- [初級編] 振り返り ……… 082

 これができれば、仕事を通じて大きく成長できる

- ☐ 16 単純作業こそ「仕組み化」「ゲーム化」 (4) ……… 086
- ☐ 17 仕事の効率は「最後の5分」で決まる (6) ……… 088
- ☐ 18 仕事は復習がすべて (9) ……… 090
- ☐ 19 会議では新人でも必ず発言せよ (11) ……… 092

□ 20 「早く帰ります」宣言する **(14)** ……… 094

column 仕事もプライベートもていねいに生きる ……… 098

◉考えてみよう ……… 100

□ 21 コミュニケーションは、メール「and」電話 **(19)** ……… 102

□ 22 ファイリングしない。ブクマもしない **(21)** ……… 104

□ 23 社会人の勉強は、アウトプットがゴール **(25)** ……… 107

column 料理教室でチームマネジメントを学ぶ ……… 109

□ 24 新聞は2紙以上、紙で読め **(29)** ……… 110

◉考えてみよう ……… 114

□ 25 仕事に関係ない人とランチせよ **(30)** ……… 116

□ 26 感動は、ためらわずに伝える **(36)** ……… 119

□ 27 叱られたら意味を見出せ **(39)** ……… 122

□ 28 ビジネスマンはアスリート **(43)** ……… 126

□ 29 苦手な人には「惚れ力」を発揮 **(44)** ……… 129

◉考えてみよう ……… 132

□ 30 同期とはつき合うな **(46)** ……… 134

column しがらみランチ、グチ飲み会を上手に避けるコツ ……… 137

□ 31 悩みは関係ない人に相談 **(47)** ……… 138

□ 32 何はともあれ貯蓄せよ **(49)** ……… 141

◉考えてみよう ……… 144

column 入社1年目から留学を考えるべきか ……… 146

[中級編] 振り返り ……… 148

上級 ここまで実践できれば
「**活躍する新人**」になれる

- [ ] 33 カバン持ちはチャンスの宝庫 **(5)** ……… 152

    column カバン持ちは「未来の自分シミュレーション」……… 155

- [ ] 34 予習・本番・復習は3対3対3 **(7)** ……… 156

- [ ] 35 仕事は根回し **(15)** ……… 158

- [ ] 36 仕事は盗んで、真似るもの **(16)** ……… 160

    column 外資系でも出世するのはこんな人 ……… 163

    ◉考えてみよう ……… 164

- [ ] 37 情報は原典に当たれ **(17)** ……… 166

- [ ] 38 まずは英語を「読める」ようになれ **(22)** ……… 170

    column 私が英語版 Financial Times を読む理由 ……… 173

- [ ] 39 目の前だけでなく、全体像を見て、つなげよ **(23)** ……… 174

- [ ] 40 世界史ではなく、塩の歴史を勉強せよ **(24)** ……… 177

- [ ] 41 脳に負荷をかけよ **(26)** ……… 180

    column 留学はフィットネスジムに似ている ……… 184

    ◉考えてみよう ……… 186

- [ ] 42 自分にとって都合のいい先生を探せ **(27)** ……… 188

    column 社内勉強会の「お弁当選び」にこだわる ……… 191

- [ ] 43 ペースメーカーとして、資格試験を申し込む **(28)** ……… 192

□ 44 「あえて言わせてください」で意見を言え (32) ……… 195

□ 45 上司にも心を込めてフィードバックせよ (37) ……… 198

　　　column 入社1年目のコンサルタント会社でもらった「通知表」……… 201

□ 46 幹事とは、特権を得ること (40) ……… 202

　　　◉考えてみよう ……… 206

□ 47 宴会芸は死ぬ気でやれ (41) ……… 208

□ 48 ペース配分を把握せよ (45) ……… 212

□ 49 社内の人と飲みに行くな (48) ……… 215

□ 50 小さな出費は年額に換算してみる (50) ……… 217

　　　column 1時間・1日・1年あたりで換算するクセをつける ……… 219

　　　◉考えてみよう ……… 220

　　　[上級編] 振り返り ……… 222

おわりに　金融工学の教授が教えてくれた「お金より大切なもの」……… 224

巻末特典　ビジネスパーソンの基本動作 ……… 229

ジャンル別チェックリスト ……… 234

MEMO ……… 236

書籍『入社１年目の教科書』との併読

　本書だけでも十分学びが得られると思いますが、より学びを深めたい方には『入社１年目の教科書』との併読をおすすめしています。

　それぞれの特徴は以下のとおりです。上手に使い分けて、より早い学びと成長を実現しましょう。

入社１年目の教科書	入社１年目の教科書ワークブック
新入社員が身につけたい３つの原則と50のルールを掲載	50のルールを【初級】【中級】【上級】と難易度別に並べ替え
なぜそれをやるべきなのか、それをやるとどのような効果があるのかなどを、読みながら理解できる	ポイントを箇条書きにし、把握しやすい。チェックボックスで行動できているか確認、Q＆Aで新入社員が疑問に思う点もフォロー
「自分だったらどうするか」を考えながら読み進めていくと、さらに理解が深まる	【初級】【中級】【上級】の最終ページに、気づきや上司からのフィードバックを書く欄あり
何度も読み返すことをおすすめする	今の自分に必要な項目だけをチェックできる
巻末に岩瀬大輔おすすめ本リストとフォローしているTwitterアカウント一覧を収録	巻末にメモ・アポ取りのコツ、敬語一覧といった「ビジネスパーソンの基本動作」を収録

初 級

新入社員に
まず
必ず身につけて
ほしいこと

仕事において大切な❸つの原則

原則 1

頼まれたことは、必ずやりきる

この項目で押さえるべき重要なポイント

**上司、先輩、同僚から
信頼される人間になろう**

▼

- お願いされた仕事は、**どんなことでも最後までやりきる**こと
- 途中で投げ出さない。わからないことは**質問しながら進めていく**
- 上司に「あれどうなってる？」と言われる前にやることが重要
- ちゃんと**やりきることで、周囲から信頼を得る**ことができる
- 信頼できる新人には、**新たな仕事（チャンス）がやってくる**
- 新たな仕事に取り組めば、**新たな経験値が積み上がる＝成長する**
- その積み重ねによって、**ほかの人との差が加速度的に広がる**

自分の行動をチェックしてみよう

☐ 頼まれた仕事をやりきっている
　➡ とにかく最後までやることを意識していますか？

☐ 誰からも催促されず、期限内にやりきっている
　➡ 催促しなければ頼んだ仕事をやらない人に、上司や取引先などは、積極的に次の仕事を頼みたいと思いません

☐ 途中で、質問や経過報告を入れている
　➡ 進め方などがわからず、1人で仕事を抱え込み「放置」（塩漬けに）していませんか？　不安があればすぐに相談しましょう

読み終えたらチェック ☐

入社1年目の疑問・質問にすべて答えます

Q そもそも、頼まれたことは、
必ずやりきるって当たり前では？

A そう思いますよね。しかし、その後何も言われないと、やらない人が
案外多いのです。「どうせ上司の思いつきだろう」などと高をくくって
はいけません。**あえて何も言わずに、あなたがどう動くのか優しく見
守っているのかも。**ひとつひとつやりきることで、信頼を積み重ねて
いきましょう。

Q 上司が催促しないということは、それほど重要ではな
かったり、やる必要がなくなったりした仕事だからで
はないでしょうか。

A どんなに忙しい上司でも、新入社員に頼んだ仕事のことは覚えている
もの。やる必要がなくなった場合には、何か言ってくるはずです。気
になるのであれば、次に出てくる**原則②「50点で構わないから早く出
せ」**作戦で、途中経過を報告し、反応をみてください。

Q 次から次へと「あれやって」「これお願い」と仕事が飛び
込んできて、どれも中途半端になってしまいます。

A **優先順位を確認すること**です。上司や先輩に相談しましょう。「今全体
としてこれだけの量の仕事をこなさなければならなくて、自分なりに
見積もるとこのくらい時間がかかりそうです。どれからやればいいのか、
アドバイスをいただけますでしょうか」。こうやって、全体像を示した
上で優先順位を聞いてみましょう。「だったらAの仕事は最後までやっ
てほしいけれど、Bの仕事はここまででいいよ」などと、指示そのも
のが修正される場合もあります。自分では中途半端と思っていた仕事
が、実はそれでOKということも。**1人で抱えて動けずにいるのはNG。**
どんどん聞いてみましょう。

017

仕事において大切な❸つの原則

原則 2

50点で構わないから早く出せ

この項目で押さえるべき重要なポイント

仕事は「総合力」で優れたアウトプットを生み出すもの。上司や先輩の力を上手に借りながら結果を出そう

▼

- 100点満点の成果を出すために何日もかけるより、1日で**50点の成果を出したほうが評価は高い**
- 50点での提出を、「ゴール（山頂）」ではなく、「**最初のフィードバックをもらう中間地点**（五合目）」だととらえる
- そもそも、仕事は1人でやるものではない
- 仕事で大事なのは、あらゆるリソースを総動員し、**よりよいアウトプットを1秒でも速く出す**ことにある
- 上司や先輩などからフィードバックをもらいながら、**最終的に100点満点**に仕上げていけばいい

自分の行動をチェックしてみよう

☐ 完璧にやることより、すみやかにおこなうことを心がけている
　➡ 完璧にやろうとするがあまり、時間がかかりすぎてしまってはいませんか？　途中で見せる勇気も、ときには必要です

☐ 先輩や上司のフィードバックを適切に得ている
　➡「このような進め方でよろしいでしょうか」とか「こうしようと思っていますが、アドバイスをいただけますでしょうか」など、上司に一声かける習慣をつけましょう

読み終えたらチェック □

入社1年目の疑問・質問にすべて答えます

Q 50点の完成度というのがわかりません。
もう少し具体的に教えていただけますか。

A 絵画制作におけるデッサンをイメージしてください。「○○のデータを調べてレポートして」と言われたら、「これとこれとこれのデータがありましたが、不足はありませんか？」と箇条書きでもサイトのプリントアウトでもいいから**「必要な素材」**を集めて、上司にいったん確認**してもらいます。**方向性は間違っていないか、素材に過不足はないか。こうした判断を相手ができる段階が50点です。その後でレポートとしてまとめ、もう一度チェックしてもらいましょう。新入社員にとっての「100点」の出来は、**上司から見れば70点くらい**ということもあります。このように何度かやりとりをして、最終的に100点の完成度にしていけばいいのです。

Q 忙しい上司の手を止めさせて、1回1回フィードバックをもらうのは、とても気が引けます。

A たしかに、「しつこいと思われたらイヤだな」と思う気持ちもわかりますが、気にすることはありません。部下育成のために、**あなたに的確なアドバイスをするのが**「上司の仕事」なのですから。「たびたび失礼します。2点だけ確認よろしいでしょうか」など、ていねいかつ明確にこちらの要求を伝えればいいのです。上司が一番イライラするのは、頼んだこととまったく違うことをあなたがしてしまうことです。1からやり直しになると、お互いの貴重な時間がムダになってしまいます。そうならないためにも、**「早めの確認」**を心がけましょう。わからないことを堂々と聞けるのが新入社員の特権です。私はこれまで、質問に来すぎだと思う部下に出会ったことは一度もありません。みんな気をつかい過ぎているのでしょう。むしろ、しつこいくらいでちょうどいいと思います。

019

原則 3

仕事において大切な❸つの原則

つまらない仕事はない

この項目で押さえるべき重要なポイント

どんな仕事も、自分のとらえ方次第で、価値あるものに変えることができる

▼

- 単調な仕事であっても、**楽しくする方法はいくらでもある**
- つまらない仕事だと思っていると、モチベーションが上がらず**作業効率も上がらない**
- そもそも、その仕事の「意味」や「目的」を理解しているか。**「意味」や「目的」がわかると、自分なりの工夫ができる**
- たとえば「取引先向けの資料はクリアファイルに入れて渡す」など、**自分なりの工夫や提案ができる人は、どんな仕事を通じても成長できる人**、**自分なりの付加価値を出せる人**である

自分の行動をチェックしてみよう

- ☐ 「基本」はしっかりできている
  → データ入力、コピー取りなどの仕事、ミスやモレはありませんか？ プロフェッショナルほど基本を大事にしています
- ☐ 単調な仕事は「時間を決めてやる」など自分なりに工夫している
  → どんな仕事でも、工夫次第で得るものがあるはずです
- ☐ なぜその仕事をするのか、「意味」や「目的」を理解している
  → 言われたから仕方なくやるのではなく、その仕事の意味を理解するだけでも、見方や価値観が変わるかもしれません

読み終えたらチェック ☐

入社1年目の疑問・質問にすべて答えます

Q 新入社員が任せてもらえる仕事はつまらないものばかりです。もっとやりがいのある仕事がしたいのですが。

A やりがいのある仕事をするためにも、今**目の前の仕事を、誰よりも速くやりきること**です。「次は何かありますでしょうか」と、上司から次々と仕事をもらい、経験値を上げていきましょう。慣れてきたら、「こうしたほうが良いと思いますが、いかがでしょうか」とか「こんなふうに工夫してみました」など、自分なりの付加価値をつけていくといいでしょう。やる気があって前向きに仕事に取り組む人だと評価され、「この新人にはもっと大きな仕事を任せてみようか」と思われるかもしれません。そもそも、工夫する余裕があるということは、仕事のとらえ方や見方にも変化が表れている証拠です。

Q 上司も先輩もみんなつまらなそうに仕事をしています。こんな会社にいていいのか、不安しかありません。

A 私の仕事選びの基準の1つに、「何をやるか」よりも「誰とやるか」というのがあります。一緒に働く仲間が魅力的で尊敬できる人であれば、どんな仕事も楽しく取り組めます。そういう人が周囲にいなければ、**あなたがまず、「一緒に働きたい人」になってみましょう。**自分なりの工夫をして、目の前の仕事を価値あるものに変えていくのです。笑顔で仕事をするのもいいでしょう。あなた1人の行動で、組織全体の雰囲気が変わることもままあります。つまらなそうに仕事をしていた人たちも、楽しく働く新人に影響され、次第に変わっていくかもしれません。あなたという存在が、組織を良い方向に導いていく。そう考えると、ちょっと前向きに取り組んでみたくなりませんか。大変かもしれませんが、ぜひやってみてください。一緒に働く人や目の前の仕事は選べなくても、**物事の見方や仕事との向き合い方は、あなたが自由に選べる**のです。

仕事において大切な❸つの原則

考えてみよう

記入日

原則 1 **頼まれたことは、必ずやりきる**

■ あなたの仕事で具体的にどう活かしますか？

原則 2 **50点で構わないから早く出せ**

■ あなたの仕事で具体的にどう活かしますか？

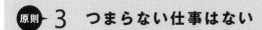
原則 3　つまらない仕事はない

■ あなたの仕事で具体的にどう活かしますか？

■ 3つの原則について、職場などで話し合いましょう。

[話し合いで得た気づき]

初級 | ビジネスマナー　　読み終えたらチェック ☐

01 何があっても遅刻はするな

― この項目で押さえるべき重要なポイント ―

社会人として当たり前のことを、
きちんとできているか

▼

- 出社やアポイントには「**遅れないこと**」が大原則
- あなたが**約束を守れる人**かどうかを、周囲は見ている
- 電車は遅れるものと思って、**時間に余裕を持って行動する**
- やむを得ない事情で遅れるときは「**理由**」「**状況**」「**出社見込時刻**」を電話**連絡**（メールやLINEでOKの会社であればそれも可）
- 歓迎会など飲み会の翌朝こそ、**普段より早い出社を心がける**
- 新人時代の印象で、その人のキャリアを通じた印象は決まってしまうもの。最初の1カ月で「**安心して任せられる**」「**信頼できる**」新人を目指そう

自分の行動をチェックしてみよう

☐ 遅刻をしたら、他人がどう思うかを理解している
　➡ 遅刻を単に「時間に遅れただけ」と思っていませんか？

☐ 準備をしてから就寝している
　➡ 遅刻をしないために、翌日の用意はもちろんのこと、アポ先の地図や電車の時刻表チェックなどはしていますか？

☐ 飲み会や休日の翌日は、遅刻をしないように意識している
　➡ つい遅刻しそうなときほど、いつも以上に気をつけましょう

入社1年目の疑問・質問にすべて答えます

Q じゃあ、電車が遅れたらどうすればいいのですか？

A できるだけ早く、**きちんと電話連絡する**。それに尽きます。電車は遅れるものだから、1回遅刻したぐらいでは「時間を守れない人」という烙印が押されるわけではありません。ただ、それが頻繁だったり、大事な場面で遅れたりしてしまうのは問題です。電話連絡していても、出社したら改めて「遅くなり申しわけありません」と一言伝えましょう。

Q 電話ではなくLINEで連絡してはダメでしょうか？

A 電話がよくて、LINEがダメだというわけではありません。多くの場合は上司だと思いますが、**伝えるべき相手がタイムリーに確認できる手段であれば何でも構わない**と思います。私が電話連絡を推奨するのは、LINEやメールには未読リスクがあり、電話のほうがより確実に相手に伝えることができるからです。相手がLINEでもいいという考え方であればLINEで報告すればいいですし、電話をしてほしいという考え方であれば電話をしてください。

Q 電車が遅れて遅刻するのは自分のせいではないので、謝るのはやりすぎのような気がします。

A 大事なのは「遅刻の原因が自分か否か」ではありません。「**相手から見て『信頼できる人』は、どう行動をするだろうか**」という視点で考えて行動しましょう。

Q 家族同然のペットが急病。遅刻は仕方がないですよね？

A ペットが家族同然だという気持ちは理解できます。報告すべき上司がペットをかわいがっている人であればあなたの気持ちを理解してくれるでしょうが、ペットを飼っていなければその感覚は共有できないか

もしれません。まずは、ペットを飼っていない人の立場になって考えてみましょう。「家族同然のペットが病気なのだから、看病のため会社に遅れて当然」という**自分の価値観を相手に押しつけてはいけません。**

Q 電車の遅れを見越して 家を早く出るのはつらいんですけど……。

A ご両親の介護など避けられない理由でもなければ、社会人になったあなたが**住むところは、ある程度、自分で選べる**はずです。残念ながら、あなたがどこに住んでいるかということは、会社にも仕事にも何の関係もありません。仮に交通の便の悪いところに住んでいても、質の高い仕事をしなければならないことに変わりはないのです。早起きが苦手であれば会社から近いところに引っ越す、満員電車がつらいのであれば各駅停車しか止まらない駅や終点の駅の近くに住むなど、自分なりにできることがあると思います。

Q 飲み会は仕事ではないから、 遅刻しても大丈夫ですよね?

A 飲み会の種類によるのではないでしょうか。仲間内のカジュアルな飲み会は、仕事などで多少遅れても構わないと思います。しかし、お客さまとの会食は間違いなく仕事の範疇ですので、遅刻厳禁です。部や課全体での飲み会も、**仕事ではありませんが遅れないようにしたいもの。**小さなことの積み重ねが、信頼につながります。

Q 5分前に到着したら、先輩から「遅い」と言われました。 遅刻したわけでもないのに、おかしくないですか?

A たしかに、遅刻はしていません。とはいえよく考えてみると、それぞれのグループやコミュニティにはそれぞれのプロトコル(ルール)があります。その規範や期待が絶対的に正しいわけではありませんが、それに従うことであなたが評価されるのであれば、従ったほうが無難かもしれません。これも**相手の視点に立った判断です。**

アメリカ企業も時間にうるさい!?

　信頼されて質の高い仕事をするためには、古今東西、時間を守ることは基本であり、きわめて大事なことです。
　アメリカ人は時間に対し、日本人ほど厳しくはないというイメージを持っている人もいるようですが、私はアメリカ人が時間に寛容だと思ったことは一度もありません。むしろ逆です。アメリカのビジネスパーソンはせわしなく動いていますし、会議などに遅れてくることはまずありません。
　日本人だけが時間に正確だと考えるのは、時間の観念ではなく、公共インフラに対する期待値の違いからくるものだと思います。
　たとえば、日本やドイツは地下鉄が時間通りに来ます。一方、アメリカではホームに電車が入ってくる時間は定まりません。地下鉄も15分、20分、当たり前のように遅れます。アメリカ人は、このことを「時間に不正確だ」とは思っていません。「公共インフラに対する過小投資」を理解しているため、地下鉄が数分遅れても、文句を言うことはほとんどありません。
　日本人は時間に厳しいのではなく、サービスに高い品質を期待しているのです。日本のサービス産業の労働生産性はアメリカの約半分ともいわれています。そのくらい、日本では高品質のサービスを提供しているともいえます。
　いずれにしても、時間に厳しいのは日本だけではないということを頭に入れておくといいでしょう。

初級 | ビジネスマナー   読み終えたらチェック ☐

02 メールは24時間以内に返信せよ

この項目で押さえるべき重要なポイント

相手が置かれた状況や気持ちを想像し、それに基づいた行動ができるか

▼

- ●**「メールを受け取りました」**ということを相手にすみやかに伝えるのは仕事の基本。すぐに返信する
- ●夕方や夜に届いたメールについては翌朝になってしまうが、**最低でも24時間以内に返信する**
- ●調べないとわからないもの、上司の確認が必要なものなど、時間がかかるものについては、**返答期日を明記して返信**する
- ●**「明日までにご連絡します」「これからやりますので、3日後の夕方まではにはご返信します」**でも構わない
- ●設定した**「期日」**は、遅れたり忘れたりしないよう気をつける

自分の行動をチェックしてみよう

☐ **受け取ったメールは、遅くとも翌日までには返信している**
　➡忙しさにかまけて「既読スルー」や放置をしていませんか？

☐ **すぐに返答できない場合は、返答期日を連絡している**
　➡今は答えられないから返事をしないはNGです

☐ **完全な返信ができなくても、途中経過をメールで報告している**
　➡中途半端な返信ならしないほうがいいと思っていませんか？
　　「関係部署に確認中です」など、進捗状況を報告しましょう

『入社1年目の教科書』
掲載番号(2)

入社1年目の疑問・質問にすべて答えます

Q 相手の質問に答えていないような、
中途半端なメールを送るのは気が引けるんですけど……。

A 適当に返信すればOKと言っているわけではありません。「〇日までに
ご連絡します」という1行には、こちらがメールを受け取ったかどう
かの確認と、返答予定を伝えて相手のスケジューリングを助けるとい
う、2つの明確な目的があります。「メールが届いたのか不明」「読んだ
のか不明」「返答がもらえるのかどうかも不明」という状況が、相手に
とって一番迷惑なのです。

Q そもそも、来たメールには
すべて返信しなければならないのでしょうか?

A いい質問ですね。これはメールを送るほうにも責任があるでしょう。
誰に宛てたものなのか、依頼なのか単なる報告なのか、非常にわかり
にくいメールがあります。また、CCで入ってきたメールにいちいち返
信しなければならないのかという問題もありますので、まずは**自分宛
て(TO)に来た依頼や問い合わせのメールに返信する**と考えてくださ
い。大勢の人に宛てたメールであれば、迷ったら送信者だけに返信を
送れば問題ないと思います。

Q 即レスして暇人だと思われるのが嫌です。
しかも、即レスするとすぐにまた返信が来てウザいです。
仕事が増える気もします。

A 気持ちはわかります。ポイントは、1秒後ではなく1週間後でもなく24
時間以内。**2日以上放っておかれると、相手は優先順位を低く扱われ
たと感じたり、届いていないのではと心配したりしてしまいます。**緊
急でも重要でもない案件で何度もメールが来て困る……というのであ
れば、多少時間を空けてもいいでしょう。午後に届いたメールに対し、

029

翌朝に返信するイメージです。

Q 即レス＝仕事ができる人という風潮が好きではありません。

A その感覚は間違いではないと思います。**仕事は「質×スピード」**。ただ速ければいいというわけではありません。とはいえ、「質×スピード」ですので、スピードが重要な要素を占めることは逃げようのない事実です。顧客からの問い合わせに素早く対応すると、それだけで評価が上がることもあります。一方、圧倒的に高い質のアウトプットを提供できるのであれば、少しぐらい遅くても問題にはなりません。

では、新入社員はどう考えればいいのでしょうか。新人を含めた若手は、圧倒的に高い質のアウトプットを提供することは、なかなか難しいものです。だとしたら、**まずはスピード勝負をしたほうが得をする**ということです。そもそもスピード感を持って仕事をするのは、顧客の仕事を早く進めることが目的です。自分のためではなく、相手のためだと考えて行動してみてください。

Q 若手の自分が1行メールを出して失礼にあたらないのですか？

A **短文でも失礼にあたらない表現**はあります。「メールありがとうございました。○○日までに準備してお返事いたしますので、しばらくお時間をいただければ幸いに存じます」などと書きましょう。

Q 外出が多く、忙しくてメールを見る時間がないので、どうしても素早く返すことができないのですが……。

A あなたの忙しさがどれほどなのかわかりませんが、**メールによる顧客とのやりとりも重要な仕事**であるはずです。おろそかにしてはいけません。移動中にメールチェックだけ済ませて、帰社後、1日の終わりにまとめて返信する、次の日の朝、1日の始まりにまとめて返信するなど工夫してみましょう。だからこその「24時間以内」なのです。

| 初級 | 仕事術 | 読み終えたらチェック □ |

「何のために」で世界が変わる

03

この項目で押さえるべき重要なポイント

**頼まれた仕事の目的を
理解しようとしているか**

▼

- 仕事を頼まれたら、「いつまでに必要ですか？」と、期限を**確認**

- さらに、「**何のためにそれをやるのか**」を理解する

- たとえば「コピーお願い」とB5サイズ2枚の資料を渡されたとき。社内向けであれば白黒の両面コピー1枚でOKかもしれないが、取引先向けであれば、カラーでB4サイズ1枚にまとめたほうが、見せながら説明しやすいかもしれない

- **いったん「わかりました」と仕事をする意思を示してから**、「よろしければ何のために使うのか教えてください」と質問してみよう

自分の行動をチェックしてみよう

□ **頼まれた仕事の「締め切り」を理解している**
 ➡ 期限によって、今やるべき仕事の優先順位が変わることも

□ **仕事の最終的な「目的」を理解している**
 ➡ 誰に向けてなのか、何のためにやる仕事なのか。知っているだけで、アウトプットが変わる可能性もあります

□ **仕事の目的を達成するために、自分なりの工夫をしている**
 ➡ 「気が利くね」とか「そのほうがわかりやすいね」と言われるような「ひと工夫」を提案してみましょう

『入社1年目の教科書』
掲載番号(3)

入社1年目の疑問・質問にすべて答えます

Q 「何のために」で、
理屈っぽい生意気なヤツと思われませんか?

A 引き受ける前提で、よりよいアウトプットを出すために「最終的な目標を教えていただけませんか」という意味です。それが伝われば、心配することはありません。

Q 有無を言わせぬ空気で仕事を頼まれるので、
上司に「何のために」を聞く勇気が持てません。

A 聞けない雰囲気であれば、黙ってやるしかないでしょう。しかし、そのときは聞けなくても、**あとで聞くことはできるかもしれません**。「このデータを急いで集計して」と言われてやった仕事に対して「ちょっと違うんだよね」と言われたら、「すみません。このデータは何のために使うんでしたか?」などと、あとで聞けばいいと思います。

Q 「そんなこともわからないのか」と
ばかにされるのが怖いです。

A 入社1年目は、**何を聞いても許される時期**です。せっかくのチャンス、どんどん質問しましょう。

Q 目的を聞いてもやる気が出ないときは?

A たしかに仕事の理由が単なる趣味の問題、誰かを喜ばせるため、さしたる理由もない決めごとというケースはたくさんあります。でもそれが「**本質ではない**」ことを知っておくのは大切です。むしろ、目的のない仕事を、あえて物事をスムーズに進めるためだけにおこなっているとしたら、かえってその理由を知っておいたほうがうまく立ち回れると思います。そこに本質的な意味がなければ、1秒でも早く終わらせることにでも意味を見出しましょう。

| 初級 | 仕事術 | 読み終えたらチェック ☐ |

質 問 は メ モ を 見 せ な が ら　04

この項目で押さえるべき重要なポイント

自分なりに準備した上で質問しているか

▼

- 迷ったら、遠慮せずに**先輩や上司に質問**していい
- ただし、何もせずに教えてもらうと、すぐに人に頼るクセがついてしまい、スキルとして定着しない
- 教えてもらう前には、**必ず自分で調べること**
- 調べて理解したことを整理し、紙に書き出し、その問題について真剣に考え、自分なりの**仮説を立てる**
- そのうえで質問するときは、必ずその**メモを見せながら**おこなうようにする。ポイントを絞った有意義な議論ができる
- 言葉が紙に残されていることで、思考も残る
- 紙に書いて見せれば、**相手に質問内容を確実に伝えられる**

自分の行動をチェックしてみよう

☐ **仕事でわからないことが出てきたら、書き出している**
　➡ 課題や不明点をそのままにしていませんか？

☐ **自分で調べられることは調べてから、質問している**
　➡ 先輩を安易に頼ったりせずに、まずは自分でできることを

☐ **調べてもわからなかったことをメモし、見せながら質問している**
　➡ 質問内容を明瞭にし、相手がすぐに質問内容を理解して答えられるよう工夫をしています

「入社1年目の教科書」
掲載番号（8）

033

入社1年目の疑問・質問にすべて答えます

Q そもそもメモの取り方がわかりません。

A 私はその分野の専門家ではないという前提でお話しします。まずすべてに言えるのは、**日付を書くこと**です。人間は日付で記憶を整理する傾向があるそうなので、いつのことかはっきりしなければ、読み返しても記憶が鮮明によみがえってきません。書き方にはいろいろなパターンがありますが、話を聞きながら**一言一句漏らさずにメモを取るのは物理的に不可能**です。忘れないため、気づきや学び、意外だったこと、印象に残った言葉、疑問、自分の解釈を加えたネクストステップなどを書き留めるといいでしょう。

Q 岩瀬さんはどういうときにメモを取っていますか?

A **考えているとき、情報収集モードに入っているとき、何かを生み出そうとしているとき**でしょうか。さらに、その日の終わりに書いたメモを見返し、赤字で気づきなどを書き足します。過去のメモ帳を保存しているので、それを見返すと、考えている量と書く量が比例しているように思えます。

Q 字が汚いので、上司にメモを見られたくありません。

A 二度手間ですが、パソコンで打ち直してから見せればいいと思います。重要なことは文字にすることなので、印刷されたものでも、字が汚くても、**読めれば問題ありません**。

Q 調べてから質問しろと言われますが、
聞けばすぐにわかることを
わざわざ自分で調べるなんて時間のムダな気がします。
上司はいつも「スピード重視だ」と言っています。

A 誰かに質問することは、その人の貴重な時間を奪うことです。**相手の**

貴重な時間を、自分で解決できるようなことに使うのは失礼です。自身の知識の蓄積にもなりますし、まずは自分で調べてから質問を。

Q メモは紙ではなく、
スマホやタブレットでもいいですか？

A それでいいと思います。気をつけてほしいのは、相手がどう思うかということだけ。**相手がスマホやタブレットでも構わない、ということであれば、まったく問題はありません。**ただし、スマホを見ながら質問してくるのはちょっと……と思っている人がいるかもしれません。その場合は紙のメモを見せながらのほうが、妙な偏見は持たれないでしょう。遅刻の連絡をするときの「電話かLINEか」の発想と同じく、相手がどういう形を望むかに合わせましょう。

Q 上司が忙しい人で、いつ質問できるかわかりません。
いつも紙を持ち歩くこともできないので、
頭に入れるだけではダメですか。

A 事前にメールで送っておけばいいでしょう。「この件についてお聞きしたいので、お手すきのときにお声がけください」と一言添えて。上司が忘れているようであれば、忙しくなさそうなタイミングを見て、「今朝メールを差し上げた件ですが……」と、こちらから質問しに行けばいいのではないでしょうか。

岩瀬大輔流・メモ術

　私は手帳にメモすることを習慣にしています。「機密情報」もありますので、実際のメモをお目にかけることはできませんが、「こんなふうにメモを書いています」というサンプルを紹介します。
　1行目は必ず日付を入れます。誰かと会うときはその人の名前を。
20XX/1/13　M社社長・M.O.さん
　次に、面会で伝えたいことと聞きたいことを事前に書いておきます。予習（156ページ参照）にあたるものです。
① 自己紹介
　（将来は会社を経営したいと思っていることと簡単な経歴）
② 伺いたいこと
　　☑ ビジネスパーソンとしての魅力、強み
　　☑ 周りの人がサポートすべき弱み
　　☑ 次のキャリアにおけるRiskとReward、KSF（Key Success Factors 成功するカギ）
　このように箇条書きにしておくと、うっかり聞きそびれることはありません。
　実際にお目にかかり、話を聞きながら、得た気づきをメモします。本番です。行間は空けながら、簡単なメモを取ります。
● 好奇心、いいヤツ、惚れやすい←嗅覚がすごい
● 事務処理能力は高くない。若い人を助けたがる傾向あり
● Mさんからのアドバイス
　　☑ 人は1人では何もできない。支える人が必要
　　☑ 100%なんてわからない。信じることも必要
　　☑ RiskのないところにReturnなどない
　面会の帰りの電車の中でメモを見返し、赤ペンでさらなる発見や自分の仕事の参考になること、お礼メールを送る際に追加で伺いたいことなどを書き足します。復習です。
● 人を見るときに重視する点は？
● Tさんをなぜそこまで信頼しているのか？
　このメモを見ながら、帰社してすぐにお礼メールを送信。これ

で予習：本番：復習（3：3：3）が完成します。

[メモの例]

20XX/1/13　M社社長・M.O.さん

① 自己紹介

　（将来は会社を経営したいと思っていることと簡単な経歴）

② 伺いたいこと

　☑ ビジネスパーソンとしての魅力、強み

　☑ 周りの人がサポートすべき弱み

　☑ 次のキャリアにおけるRiskとReward、KSF（Key Success Factors 成功するカギ）

● 好奇心、いいヤツ、惚れやすい←嗅覚がすごい

● 事務処理能力は高くない。若い人を助けたがる傾向あり

● Mさんからのアドバイス

　☐ 人は1人では何もできない。支える人が必要

　☐ 100%なんてわからない。信じることも必要

　☐ RiskのないところにReturnなどない

↓

◎追加で伺いたいこと

　● 人を見るときに重視する点は？

　● Tさんをなぜそこまで信頼しているのか？

愛用の手帳はMOLESKINE®（モレスキン）。日付を書いた付箋を貼って段ボールで保管しています

手帳には読んだ本や新聞記事を自分なりにまとめ直したページも

| 初級 | 仕事術 | 読み終えたらチェック ▢ |

05

頼まれなくても議事録を書け

この項目で押さえるべき重要なポイント

どんなことでもいいから、
自分にできることでチームに貢献せよ

▼

- **会議の書記役は新人の仕事**。指示されなくても、率先して作成を
- ただ時系列に記録するのではなく、**議論の大きな流れを意識**する
- 最後に**フォローアップ事項・担当者・期限などを明記**する
- 会議終了後、すみやかに回覧する。最低でも**24時間以内**。早ければ早いほどいい
- 最初は、ほめられるどころか、上司や先輩からたくさんの指摘が飛んでくるかもしれない。**それこそが学び**である。ひとつひとつ自分の糧にして、ストックしていく

自分の行動をチェックしてみよう

☐ **会議の議事録の作成は、自分の仕事だと思っている**
➡ 言われなくても、自分がやるべきことと心得ています

☐ **上司や先輩から議事録のフィードバックをもらっている**
➡ 書いて終わり、送信して終わり、ではなく、仕事の質を高めるために上司や先輩から積極的にアドバイスをもらっています

☐ **得たフィードバックを、次の議事録作成に活かしている**
➡ 意見を素直に受け入れ、学びや気づきを仕事に反映させようとしています

『入社1年目の教科書』
掲載番号（10）

038

入社1年目の疑問・質問にすべて答えます

Q 議事録に何を書けばいいのかわかりません。

A 最低でも「決定事項」は記録しましょう。これが入っていなければ議事録としての体を成していません。あとは会議の内容次第。誰が何を言ったのか（発言者は誰か）が大事なこともあれば、議論のポイント（内容）だけが大事なこともあります。基本的にすべてを書く必要はなく、大事なことだけを書けばいいでしょう。しかし、お役所のように「証拠としてすべてを記録するもの」を議事録と勘違いしている企業も多くあります。ファクトの共有であればファクトを記入して伝達すればいいし、会議で決まったことが重要であれば、決定事項だけを書けば事足ります。会議の内容によって書き分けられるようになりましょう。情報の取捨選択がわからなければ、まずは先輩に**過去の議事録を見せてもらう**のも手かもしれません。周囲の人に教えを請えば、ていねいに教えてくれるはずです。

Q 上司に議事録を送ったら、
「そんなことをするヒマがあったら、
こっちの仕事をやれ」と怒られました……。

A これは、上司に問題があると思いますが、上司がやるなと言ったのであれば、以後はやらなくていいでしょう。ただし、自分にとって役に立ちそうなことは、**こっそり自分のためにメモ**しておきましょう。

Q 「議論を聞き漏らさない」ことに集中してしまい、
どうしても議論に参加することができません。

A **大切なのは発言する（参加する）こと**です。慣れるまでは、議事録は可能な範囲で書き、抜けやモレがあると断って提出しましょう。続けていけば、必ず両方できるようになります。

考えてみよう

記入日 _____

01 何があっても遅刻はするな

02 メールは24時間以内に返信せよ

03 「何のために」で世界が変わる

04 質問はメモを見せながら

05 頼まれなくても議事録を書け

■ 01～05について、あなたの仕事で具体的にどう活かしますか？

01

02

03

04

05

■ 01〜05について、職場などで話し合いましょう。

[話し合いで得た気づき]

| 初級 | 仕事術 | 読み終えたらチェック □ |

06　アポ取りから始めよ

この項目で押さえるべき重要なポイント

「段取り」とは、先に締め切りを
決めてしまうこと。締め切りが、
仕事のスピードと成果を決定づける

▼

- 仕事は、**時間のかかるものから先に仕込む**
- 特に、**自分がコントロールできない仕事から手をつける**
- 相手のあるアポイントは、数週間先になってしまう可能性が高いので、**今すぐ予定を押さえておく**
- **先に期日を設定する**ことで、仕事に対する集中力が高まり、スピードがアップする
- **アポイントをどんどん入れる**ことで、仕事の経験値を増やせる
- **経験値**が増えれば、自身の**成長が加速**する

自分の行動をチェックしてみよう

□ 時間のかかる仕事から手をつけるようにしている
➡ 最初に押さえておくべき仕事だと理解しています

□ アポ取りは自分でコントロールできないと知っている
➡ だからこそ、ひとまずアポ取りから手をつけています

□ 完璧に準備してから連絡ではなく、予定を先に押さえている
➡ アポイントの日までにしっかり準備が終わればいいという考えで、まずは「手を動かす」ことを意識しています

『入社1年目の教科書』
掲載番号 (12)

入社1年目の疑問・質問にすべて答えます

Q 電話でのアポ取りのやり方がわかりません。

A **要件を簡潔に伝える**ことがポイントです。要件とは、**①時間をいただきたい、②その時間とは「○○の説明をする」ためである**（会う目的）。この2点です。もし興味をもってくれたら、日程の候補をいくつかもらい、できればその場で決めてしまうことが望ましい。最後に、詳細な資料を送るためにメールアドレスを聞く。これが最低限のアポ取りの流れで、ビジネスパーソンとしての基本動作です。先輩のアポ取りの電話を横で聞いて、真似をしながら早く身につけましょう。仕事の大半は「こちらから誰かに働きかけて何かをしてもらうこと」です。そのための第一歩として、**「お時間をいただきたい（ください）」**とアプローチするアポ取りが重要なのです。

Q メールでのアポ取りのポイントを教えてください。

A **要件のパート**と**日程調整のパート**があるのは、電話と同じです。要件のパートは、概要を簡潔に書くことを心がけてください。長くなるようであれば、本文は簡潔にして「詳細は下記をご覧ください」とし、本文の後に箇条書きにして説明する方法もあります。問題は日程調整のパートです。残念な例の筆頭は、会うことを承諾していないのに、自分の都合で日程を送るケース。これは失礼にあたります。メールのやりとりが1往復よけいにかかってしまいますが、まずは「会っていいよ」と相手から承諾をもらってから、「ではいつがよいか」と送るべきです。また、明日、明後日を指定するのは急ぎすぎで、これも失礼にあたります。最低でも1週間後以降で設定するようにしましょう。選択肢が少ないのも、多すぎるのも困りもの。「○月△日の午後か、○月□日の夕方はいかがでしょうか」。さすがに2択は絞りすぎです。**3～5つくらいは出したい**ところ。しかし「○月△日終日、○月□日終日、○月○日終日、その先はどこでもOKです」とやられると、相手は逃

げられない感じがするかもしれません。**アポイントというのは、「相手に断る余地を残すこと」も大事**です。初めて会う相手に「ご都合のつく日を教えてください」と書くのは、気をつかったつもりでも相手は完全に逃げられなくなってしまい、嫌がられます。面会の所要時間も伝えたほうがいいでしょう。最初は短く。1時間欲しくても、**30分程度に設定した**ほうがいい。相手にとって会うことへのハードルが低くなります。そのため、30分で完璧に説明できるようにしっかりと準備をしてください。新人は、メールを送ったことで仕事を終えた気になってしまいがちですが、**メール送信は「仕事の始まり」**と心得てください。閉会式ではなく、開会式なのです。

Q アポのメールの返信が来ません。
いつになったら催促していいのでしょうか。

A たしかに、これは判断が難しいところです。ただ、多くの場合は忘れているだけなので、さすがに1、2週間経っても返事がなければ催促しても構わないと思います。**電話で「先週メールを差し上げた件ですが、届いておりますでしょうか」と確認する**のもありです。ただし、2回目に送ったメールにも返信がなければ、あきらめたほうがいいでしょう。かといって放置するのではなく、**クロージングのメール**を送ってください。「2度ほどメールをお送りしましたが、お返事をいただけなかったので、お忙しいものと拝察いたしました。機会がございましたら、またよろしくお願いいたします」。こうしたメールを送っておけば印象も悪くないですし、もう催促のメールは来なくなるという安心感を相手に与えます。「会ってくれない相手に、そこまで気をつかう必要はないのでは？」と思うかもしれませんが、**「機会があれば会いたいと思わせる人」**として振る舞うことが、思わぬ縁やチャンスを引き寄せるコツです。人には事情があります。たまたまその時期が忙しいだけだったとか、実は自分の代わりに部下を紹介しようと思っていた、など、思わぬところで再びその人やその会社とご縁がつながることもあるかもしれません。

Q アポを入れたら、その後は何をすればいいですか？

A 「来週以降で」「来週後半以降で」と言ってアポを取っていれば、数日から1週間以上の余裕ができます。その間にしっかりと準備をしてください。**アポの前日に「明日○月○日（○）○時より貴社に伺いますので、よろしくお願いいたします」とリマインドメールを送っておくと、**うっかり約束を忘れていた、アポの時間や場所を勘違いしていた、というミスを防げます。ありがちなのが、24時間表記と12時間表記の勘違い。「14時」のアポを「午後4時」と勘違い（本当は午後2時）するケースなどがそれにあたります。リマインドメールを送っておけば、こうした行き違いを防ぐことができます。アポまでに目を通しておいてほしい資料などがあれば、メールに添付しておきましょう。ただし、アポ当日にその資料を相手が持っていないこともあるので、プリントアウトして持参しておくと安心です。パワーポイントなどパソコン画面を相手に見せたい場合には、相手の会社にプロジェクターがあるかどうかも確認する必要があるでしょう。不安な点があれば、事前に先輩や上司に相談しましょう。ここまで読んでお気づきだと思いますが、**アポ取りをした後に発生する仕事は、案外たくさんあります。**アポ取りを早くおこなうことは、その後のやるべきことを早く進めていく上でも大事なことなのです。

初級 | ビジネスマナー

07 朝のあいさつはハキハキと

この項目で押さえるべき重要なポイント

人として当たり前のことができるか。
あいさつは最高の自己紹介になる

- **あいさつが職場の雰囲気をつくる**。自分から雰囲気づくりを
- 朝のあいさつはモジモジせずに**元気よく**
- 新人は名前を覚えてもらうことが第一。あいさつで自分のことを印象づけよう。あいさつは、**最高の自己紹介になる**
- 相手の目を見てハキハキと、**毎朝続けよう**
- 社内の人だけでなく、**オフィスビルの警備や清掃の皆さん**にも、にこやかにあいさつを
- **誰に対しても公平に接する**ことで、信頼感が高まる

自分の行動をチェックしてみよう

☐ 朝のあいさつをしている
　➡ 朝のあいさつの大切さを理解しています

☐ 元気よく大きな声でハッキリとあいさつしている
　➡ 恥ずかしがって小さな声であいさつしていませんか?

☐ 他部署や社外の人にも、同じようにあいさつしている
　➡ 会社の人にだけあいさつすればいいと思っていませんか?

入社1年目の疑問・質問にすべて答えます

Q 会社の人は誰もあいさつをしません。
シーンとしている職場で1人、
あいさつをするのは勇気がいります。

A そういう職場もあると思います。もしあなたに、その企業風土を自ら変えるという意気込みがあるならば、チャレンジしてみてはいかがでしょう。**あいさつをされて文句を言う人はいません**。これは日本の教育の優れたところだと思います。海外では、登校時に先生が校門の前で待っていて「Good morning」などとは言いません。会社で「おはようございます」「お疲れさまでした」と言うのも、英語文化ではほとんどありません。日本では、朝、大きな声で誰かがあいさつをしても、違和感はないと思います。あなた自身、あいさつのない会社で、これから先ずっと働いていたいでしょうか。それはちょっと……と思ったら、勇気を出してあいさつをしてみましょう。

Q なんだか妙に張りきっている人だと
思われたくないのです。

A あいさつをしたぐらいで張りきっているとは思われないでしょう。日本社会では、元気にあいさつをすることがプラスに評価されることはあっても、**マイナス評価になることはない**と思います。「人からどう思われるか」など気にしすぎないことです。

Q 笑顔で相手の目を見ることが苦手です。
どうすればいい?

A 苦手であれば、目を見る必要はありません。その場合、**あいさつをする人の方向をなんとなく見るのがコツ**です。部屋に入って来るなり下を向いたまま「おはようございまーす」だと、声が通りませんし、具合の悪い人だとか感じの悪い人だとか、良くない印象を与えてしまう

047

こJとTも。相手のほうに胸や肩を向けてあいさつすればOKです。笑顔が苦手な人も無理やり笑う必要はありません。**口角をちょっと上げることを意識して声を出す**だけで、あいさつも明るくなります。そのうち、自然なあいさつができるようになるでしょう。

Q あいさつをしても、無視されてしまいました。
ちょっと悲しいです。
明日もまたあいさつしたほうがいいでしょうか。

A また明日も同じようにあいさつしてください。「おはようございます」と言うだけなので、相手の反応を期待せずに、いつもの習慣としてあいさつをすること。何かもめ事があって意図的に無視されているなら話は別ですが、そうではないのであれば気にせず、社会人としての基本的なマナーとして「おはようございます」「ありがとうございます」「お先に失礼します」などは大きな声で言ってください。ヘッドホン（イヤホン）をしている人に対しても同様です。大音量で音楽を聴いているとき以外は、基本的には聞こえているはずです。相手が、たまたま重要なメールをスマホで読んでいた、考え事をしていたなどで、あなたのあいさつに気づいていなかっただけという可能性もあります。相手の反応を気にしてばかりいると、あいさつもおっくうになるもの。ひとり暮らしの家に帰ったときに「ただいま」と言うのと同じ、**自分自身のスイッチのオン・オフを切り替えるつもりで、気持ちよく声に出してみましょう。**

Q 職場のフロアが広く、かなりの人が在席しています。
どこまでの範囲にあいさつするべきでしょうか。

A **自分の動線上にいる人、周囲の人、上司。これだけでいいと思います。**わざわざ「出張」してまで行く必要はありません。ただ、まったく知らない人でも、エレベーターに乗り合わせたとき、階段ですれ違ったときには、あいさつしたほうがいいでしょう。

たかがあいさつ、されどあいさつ

　日本にはあいさつをすることは感じがいいという規範があります。ライフネット生命が入っているビルの清掃の女性は、いつも「ライフネットの皆さんはあいさつをしてくれて気持ちがいいですね」と言ってくれます。

　たかがあいさつと思うことなかれ。意外と人は見ているものです。「ライフネットの社員の方は、社外の人が廊下を歩いていると、必ずあいさつしてくれますね。いい会社ですね」

　こんなふうに言っていただけることもあります。そう、あいさつというのは、言った本人にではなく、第三者を通して評価されることが多いのです。あなたの知らないところで、「新入社員の〇〇さんはハキハキとあいさつしていいね」などと誰かが話しているかもしれません。言われたあなたの上司はすごくうれしいと思います。

　逆もしかりです。「あの人は職位が上の人にしかあいさつしない」とか「受付や警備、お掃除の人への態度がよくない」といったことも、どこからか指摘されることがあります。こうした指摘は、単にあいさつができていない、ということではなく、「あの人は人を見て態度を変える人だから要注意だ」という人物評価につながってしまう可能性があるのがこわいところ。あいさつひとつで、その人の人間性までもが垣間見えてしまうのです。だからこそ、あいさつは大事。これまで正直言ってあいさつをしてこなかったな……と反省している人は今日からはじめればいいだけです。習慣が変われば、その人自身も変わっていきます。社会人になったことをよい機会ととらえ、新しい、いい習慣を取り入れてみてはいかがでしょうか。

　あいさつの声が大きすぎて、「朝はもうちょっと静かに」と言われたら、少し静かな声であいさつしましょう。相手のことを気にしすぎないでと書きましたが、TPOを無視せよと言っているのではありません。状況に応じたあいさつをすることも社会人には求められます。たかがあいさつ、されどあいさつなのです。

| 初級 | 仕事術 | 読み終えたらチェック ☐ |

08 仕事は総力戦

> この項目で押さえるべき重要なポイント
>
> ビジネスは
> 自分ひとりでは成し遂げられない

- 学校のテストと仕事の最大の違いは、**人の助けを借りてもカンニングだ、ととがめられないこと**
- 新人はどうがんばっても100点満点のアウトプットを出すことはできない。完璧にしようと手元であたためるのではなく、早く出して**適切なアドバイスをもらい、質を高めよう**
- わからないことを教わるのではなく、**わからないことの調べ方を教わる**。詳しい人を探し出す能力も必要
- 親身になって助けてくれる人がどれだけいるかが、**ビジネスパーソンの実力**と心得よう
- 先輩や上司に**応援してもらえる人材**を目指そう

自分の行動をチェックしてみよう

☐ 仕事は人の助けを借りるものだと理解している
　➡ 時間をかけてでも自分ひとりで完璧にやり遂げることが優秀であると思っていませんか？

☐ 誰に助けを求めればいいか、先輩や上司に聞いている
　➡ 社内の誰がどんな得意分野を持っているか、周囲の人に教えてもらっています

☐ いろいろな人の力を借りて、問題を解決しようとしている
　➡ 助けてくれる人が多いほど高い成果が出せると心得ています

入社1年目の疑問・質問にすべて答えます

Q 先輩に相談すると「上司の許可を取ったか？
自分にはそのような義務はない」と断られ、
にらまれました。

A 社内にはいろいろなタイプの人がいるものです。すみやかに違う人に
相談してください。社内には、ほかにも相談できる先輩がいるはずで
す。気にせず「次」にいきましょう。

Q 上司に「手を動かせ」「自分でやってみろ」と
言われているので、自力でやらないと怒られそうです。

A だからこそ、**まずは自分の手を動かして自分でやってみる**のです。手
ぶらで「教えてください」ではなく、自分でやれるところはやる。そ
うすると、おのずと「できないこと」や「わからないこと」、「やって
みたものの自信がないので確認してほしい点」が出てきます。まさし
くそのときが、相談するタイミングです。そうした一連の行動を速く
おこなえば効率が上がります。

Q 忙しい職場なので、声をかけるのさえ気が引けます。
人の力を借りるなんてとても無理です。

A 忙しい職場であれば腰が引けてしまうかもしれません。ですが、若手
育成をミッションとしている人が必ずいるはず。そもそも、ラインの
直属の上司は部下を育てるのがミッションのはずですし、直接ではな
くても、同じ部、課、チームに所属する年次が上の先輩の中に、**若い
人の面倒を見なさいと言われている人がいるはず**です。あなたの仕事
の面倒を見ることが本業になっている人に「**5分だけいいですか？**」
「**いつなら時間があいていますか？**」と聞いてください。途中で仕事を
遮るのが嫌なら、あらかじめ時間を決めておくのも効果的です。メー
ルでポイントをまとめて送ってほしいと言われたら、そのようにしま

051

しょう。いくら業務だからといって、相手の都合もあるので考慮しつつ、お願いしましょう。

Q 人の力を借りるのは、本当に難しいです。
最初の一歩としてアドバイスをいただければ。

A 何から何まで聞くのではなく、**まずは「たたき台」をつくってそれを見せる**。自分でわかっている範囲は言う。わからないところを具体的に聞く。「私の進め方で問題ないか、ご確認くださいますか」とか「不明な点が出てきましたので、アドバイスをいただきたいのですが」など、**「何を聞きたいと思っているのか」**が明確に伝わるような一言を投げかけるのもコツです。

Q その分野に強い別の部署の先輩に聞きに行ったら、
直属の上司に「勝手なことをするな」と怒られました。
社内でも情報を漏らしてしまうと、
案件を奪われるからだといいます。
どのように判断すればいいでしょうか。

A これは**社内政治**のようなものなので、あらかじめ上司に聞いてから行動するしかないと思います。**社内のゲームのルールは、しっかりと理解してから動くことです**。自分で判断できないなら、いちいち面倒だと思わずに、上司に聞いてからにしましょう。でもそのうち慣れるので、自分で判断できるようになると思います。

相談上手になるための
2つのチェックポイント

　ビジネスは総合力です。自分の能力だけでなく、自分のネットワークを含めたリソースをフル活用して最大の力を発揮することが、ビジネスで求められる力です。

　そもそも相談上手になるためには、質問の仕方以前に、質問に行くタイミングが適切であること。これが最重要ポイントです。

　多くの場合、「質問の内容がイマイチだな」ではなく、「それもっと早く聞きに来てよ」というケースがほとんど。たいてい、自分で抱え込んでしまい、相談しに行くのが遅いのです。

　相談も一度ではなく、頻繁にすること。自身で判断ができないと思ったら、「これでよろしいでしょうか？」と、その都度確認すればいいのです。相談上手な人はタイミングよく頻繁に相談に来ます。

　もう1つのポイントは、「誰に相談すればいいか」を知っているということ。適切な相談相手を知っているかどうかです。社内の事情通は誰か、上司や先輩から教えてもらいましょう。

　たとえば、ライフネット生命の場合、アメリカのフィンテック（FinTech、金融×テクノロジー）に詳しい人は20代のAさん、他社商品の動向に詳しいのは30代のBさん、生保の歴史に詳しいのはベテランのCさん、銀行について詳しいのは銀行から転職したDさん、といった具合です。

　もちろん、相談の仕方も大事です。「ググレカス」と言われるような、ネットで検索すればわかることは自分で調べた上で、ピンポイントで知りたいことを聞くこと。

　ベテランになっていくにつれて、社内のみならず社外にも「事情通」のネットワークができます。そうなると、詳しい人に直接教えてもらったり、顔の広い人に事情通を紹介してもらったりすることも。メールや電話1本で、その道のプロに直接指導を仰ぐことも可能に。相談上手になることで、あなたのリソースはさらに蓄積されていくことでしょう。

初級 | 社会人の勉強法

読み終えたらチェック

09 本を速読するな

この項目で押さえるべき重要なポイント

読書が目的ではない。
読書から何を学ぶかが大事

▼

- 自分に合った1冊と出会うまでは、**斜め読み**、**飛ばし読み**、**速読**も悪いことではない

- **じっくりと読むべき本は味わい尽くす**。気になったところをマーキングし、必要なことは書き込み、学びや気づきは手帳に書き出そう

- **何度も読み返し、読み終わったら感想文を書く**。これは復習と同じ効果がある

- 読書に過大な期待を持たない。**1冊で1つの学び**が得られれば収穫ありとする

自分の行動をチェックしてみよう

□ **1年に1冊以上、難しい本をじっくりと読んでいる**
　➡ 漫画、ゲーム、スマホに貴重な人生の時間を奪われないよう、読書の時間も確保しています

□ **気に入った本は、一度ではなく何度も読んでいる**
　➡ 歯ごたえのある本は、難しいとあきらめずに、何度も読み返し、その都度学びを得ています

□ **読書による学びや気づきを文字にしている**
　➡ 読書を、読むだけで終わらせていませんか?

『入社1年目の教科書』
掲載番号(20)

054

入社1年目の疑問・質問にすべて答えます

Q じっくり読書する時間がありません。
どうやって時間を捻出すればいいのでしょうか?

A 旅に出ましょう(笑)。飛行機や新幹線など、**長い移動時間があると、意外と読めるもの**です。通勤時間にスマホを触らないと決めれば、往復で1時間から2時間が読書の時間になります。

Q 精読すると、どこまで読んだかわからなくなり、
また戻って同じところを読むという繰り返し。
なかなか前に進みません。

A 私が最近やっているのは、**難しい日本語、わからない英単語にラインマーカーを引く**という作業です。わざわざ辞書で調べることはしないのですが、それを見ればどこまで読んだかがわかります。気になった文に線を引くのもいいかもしれません。

Q 昔の人の書いた本の文体が苦手です。
理解するのが大変なので、
スムーズに頭に入れるコツを教えてください。

A **何回も音読**すれば、そのうち慣れます。しかし、慣れる必要もないかもしれません。文語体に興味があって克服したい人はそうすればいいと思いますが、内容にだけ興味がある人は**現代語訳を読みましょう**。わざわざ文語体に挑戦しなくてもいいと思います。

Q 難しい内容の本は、
何回読めば理解できるようになりますか?

A **4回から5回**というのが私の実感です。学生時代は司法試験を受けるために法律書を読みましたが、当然ながら1回で理解できたわけではありません。感覚的には「斜め読み100回」で理解した感じでしょうか。

時間をかけてじっくり1冊の本を読む。この意味を誤解している人が多い気がします。じっくりというのは、最初から一字一句ていねいにすべての文章を読むという意味ではなく、**いつも手元に置いておいて、何回も何回も開く**という意味です。本は読み手の状況や感情によって姿を変えるものです。はじめて読んだときに興味が湧かなくても、次に読むときに興味が湧くこともあります。今興味がなかったら、無理に興味を持つ必要はありません。そのときの感覚に素直に任せればいいのです。

『入社1年目の教科書』
読者からの手紙

　2011年5月に出版した『入社1年目の教科書』は、おかげさまで毎年版を重ねています。単純計算で40万人の方が読んでくださっていて感想ハガキもたくさんいただいていますが、私に会いたいと言ってくださる方がほとんどいないのが現状、少々さみしいものがあります。それでも、思い出したようにポツポツと手紙が届きます。読むと、かなりの確率で素晴らしい内容であることに驚かされます。

　これまで見たことのないような達筆で素敵なお手紙は、若手の建築家の方からでした。内容も会ってみたいと思わされるようなものだったので、後日お会いして、さまざまなことを語り合いました。

　こんなふうに、本を読んだら、まずは手紙を書くことから始めてみてはいかがでしょうか。

　本を徹底的に読み込んで気づきを得て、それを徹底的に考える。著者や著者のビジネスについて徹底的に調べる。場合によっては周囲から意見を集めて集約する。それらを、誠意を持って書き記し、躊躇せずに投函する。これを繰り返し行うことで、ビジネスに必要な素地も高められていくはずです。

　臆することはありません。

　そもそも「返事がないのが当たり前」なのですから、出したところでひとまずはゴール。返事がくればもうけもの。会ってもらえれば、さらにもうけものです。そこで得られる学びや気づきは、何物にも代えがたいものになるはずです。

　手書きで便箋に書いてもいいし、ブログに書いてもいい。頭の中だけにボンヤリとどめておくのではなく、アウトプットとして言語化・明文化し、ほかの誰かとシェアするのです。

　直接会って話をすることは、そうした行為の最たるものです。ぜひともチャレンジし、素晴らしい体験を積み重ねていただきたいと思います。

| 初級 | オフビジネス | 読み終えたらチェック □ |

10 スーツは「フィット感」で選べ

この項目で押さえるべき重要なポイント

ビジネスパーソンは見た目も重要。
相手に好印象を与え、信頼される服装選びを

▼

- **言葉以外のコミュニケーション**が相手に与える印象は大きい
- 身だしなみを整えるのは、おしゃれが目的ではなく、相手から**信頼され、清潔できっちりとした印象を持ってもらう**ためである
- スーツは値段やブランドにこだわるより、**フィット感、「サイズが合っているか」を追求する**こと。必要に応じて直しに出そう
- とはいえ、安価なものは消耗が早いのも事実。自分の給料と相談しながら、**少し高価なものを買って長く使う**のが経済的かも

自分の行動をチェックしてみよう

□ 服装や身だしなみをきちんとすることを意識している
➡ 清潔感あるスタイルを心がけています

□ おしゃれや流行よりも、清潔感とフィット感を大事にしている
➡ 流行を追うのではなく、自分に合ったものを選んでいます

□ スーツは体に合うよう、丈や裾などを調整している
➡ 少しぐらい大きくても誰も気づかないだろうと横着せず、丈や裾や胴回りなど、必要に応じて直しに出しています。あるいは、パターンオーダーなどで、サイズの合ったスーツを新調しています

『入社1年目の教科書』
掲載番号（31）

入社1年目の疑問・質問にすべて答えます

Q おっしゃることはわかりますが、
太ったらつくり直さなければならないので、
少しだけ余裕があったほうが経済的だと思います。

A 多少の余裕があってもいいと思います。ここで言いたかったのは、スーツのサイズは**0.5センチ単位でも印象が変わる**ということです。1センチにもなると、ものすごく大きい服を着ているような印象になる。それを知ってもらいたいのです。靴も1センチ大きいとブカブカして、歩くときに大きな音がすることがあります。ドカドカ歩く人に好印象を抱く人はいません。スーツや靴などは**買う前にきちんと試着**することをおすすめします。

Q スーツを着ない職場です。
夏場はシャツやポロシャツで通勤OKなのですが、
気をつけたほうがいいことはありますか？

A きっちりしていることは大事です。シャツだったら、しっかりとアイロンがかかっているか、襟はパリッとしているかというところでしょう。IT系ベンチャー企業など、業種や職種、会社のカルチャーによってはまったく服装を気にしないといわれますが、私個人は**オンとオフを分けるのは大事**だと思っています。家と会社は違う。だらしない感じは出さないほうがいいと思います。**TPOは重視すべき**でしょう。世界中を飛び回っているクリエイターの高城剛さんは、入国審査では、黒いシャツより白いシャツのほうがスムーズに通過できることに気づいてから白シャツしか着ないと著書で語っていました。**白シャツは好印象を与える**というのは世界共通なのかもしれません。

考えてみよう

記入日 _____

06 アポ取りから始めよ

07 朝のあいさつはハキハキと

08 仕事は総力戦

09 本を速読するな

10 スーツは「フィット感」で選べ

■ 06〜10について、あなたの仕事で具体的にどう活かしますか？

06

07

08

09

10

■ 06〜10について、職場などで話し合いましょう。

[話し合いで得た気づき]

初級 | ビジネスマナー　　読み終えたらチェック

11 敬語は外国語のつもりで覚えよ

> この項目で押さえるべき重要なポイント
>
> 敬語を使うことは、エクセルなどと同じ、ビジネスパーソンの基本スキルである

- **敬語は基本的なビジネススキル**である。必要な場面で必要な敬語を使えるようになろう
- 敬語を学ぶときに、**外国語のつもりで勉強**したほうが身につく
- 「〜させていただく」の乱発は、誰に対する謙譲なのかわからないので不快
- ていねいだと思われがちなタメ口「〜っすよね」もNG
- 周囲の先輩に「誤った敬語を使っていたら**指摘していただけませんか**」とあらかじめお願いする
- 英語と同様、時間をかけて勉強すれば**必ず効果が表れる**

自分の行動をチェックしてみよう

☐ 敬語はビジネススキルの基本であると理解している
→ パソコンスキルなどと同じく、ビジネスパーソンが身につけるべき基本スキルの1つであると認識しています

☐ 敬語を意識的に学んでいる
→ 社会人としての経験を積んでいくうちに、自然と身につくと考えていませんか？

☐ 誤った敬語は指摘してもらっている
→ 間違いを指摘されて傷ついたり腹を立てたりしていませんか？

入社1年目の疑問・質問にすべて答えます

Q 言葉は時代とともに変わるもの。
だから、あまり敬語にこだわらなくても
いいのではありませんか？

A 言葉は変わります。それはその通りなのですが、変化のサイクルは数十年単位なので、今日、明日でガラリと変わるのではありません。現在の企業社会を生きている皆さんには、現在の**敬語というルールが適用される**ことに変わりありません。

Q 先輩や上司も、それほど敬語が上手とは思えません。
それでも社会人として立派にやっているのですから、
あまり気にしなくていいように思えてなりません。

A 企業社会で生きていくだけであれば、その考え方でも通用するでしょう。でも**仕事で活躍したい、さらなる成長の機会を得たいと考えているのであれば、敬語をおろそかにしてはいけません**。SNSなどでも、敬語を使えない人、おかしな敬語を使う人に対する攻撃はかなりのものがあります。つまり、**まだまだ日本は敬語社会**だということです。社会人の常識として、敬語はマスターしておいたほうがいいと思います。

Q 昔は敬語にうるさい人がたくさんいたと思いますが、
今は敬語に対する意識も低くなってきたと思います。
ビジネスでは差別化につながらないのでは？

A それは認識が違うと思います。敬語を使いこなすビジネスパーソンほど、相手にも同様のレベルを求めるでしょう。また、一定の年齢以上の人は、若者言葉に対するアレルギーを持っていることもあります。ビジネスで使う言葉に気をつけなければならない場面は、むしろ増えていると言えるかもしれないのです。**エクセルやパワーポイントを身につけるのと同じだ**と考えましょう。

Q メールでは敬語や謙譲語をあまり過度に使うと
鬱陶しいと思われませんか？

A おっしゃる通りです。「○○様におかれましては、たいへんお忙しいところ恐縮ではございますが～」などと、**ばかていねいにメールを書く必要はありません**。服装にたとえると、燕尾服を着て蝶ネクタイをしめなさいと言っているわけではないのです。通常のスーツ、あるいはビジネスカジュアルぐらいの服は着ましょうと言っているだけです。敬語をマスターすることは、それほど力を注がなくてもできることです。「今は蝶ネクタイはいらないな」という判断は、**「敬語スキルを身につけている」からこそできること。一度身につければ一生使えるビジネススキル**です（コミュニケーションスキルでもあります）ので、面倒がらずに身につけてしまいましょう。

Q カジュアルとフォーマルの境目がわかりません。
メールの文がかしこまりすぎていると言われたり、
飲み会の席ではなれなれしいと言われたり……。
「中間の敬語」というのはありますか。

A たしかに、慣れるまでは戸惑うことも多いでしょう。かしこまりすぎているという印象につながるのは、**尊敬語、謙譲語、丁寧語の使い分けがあやふやである可能性が**。メール文の語尾をすべて「～ございます」と書けば、しつこい、硬い、かしこまりすぎという印象を与えます。謙譲語の「いたす」を過剰に使う人も多いので注意が必要です。飲み会などのカジュアルな場では、いきなりタメ口にならず、丁寧語（ていねいな表現）を使いましょう。「どっちに座らせていただければよろしかったでしょうか？」ではなく「どちらに座ればよろしいですか？（もっとカジュアルな会社であれば「どちらに座ればいいですか？」も可）」。次のページの一覧表でしっかりマスターしましょう。

これさえ覚えておけば完璧！　敬語の基本一覧表

ほかにも表現はありますが、基本的なものだけまとめました。
しっかり押さえておきましょう。

●基本の尊敬語・謙譲語一覧

動詞	尊敬語	謙譲語
会う	お会いになる	お目にかかる
与える	お与えになる	さしあげる
言う	おっしゃる	申しあげる
行く	いらっしゃる、おいでになる	伺う、参る
聞く	お聞きになる	伺う、拝聴する
来る	いらっしゃる、お越しになる	伺う、参る
知る	ご存じ	存じ上げる
する	なさる	いたす
食べる	召し上がる	いただく
見せる	お見せになる	ご覧に入れる、お目にかける
見る	ご覧になる	拝見する
読む	お読みになる	拝読する

●これだけは押さえておきたい「ていねいな表現」

あっち、こっち、そっち、どっち ➡ あちら、こちら、そちら、どちら

さっき、あとで ➡ 先ほど、後ほど

ちょっと ➡ 少々

やっぱり ➡ やはり

わかりました ➡ 承知しました

初級 | 人間関係

読み終えたらチェック ☐

12 相手との距離感を誤るな

この項目で押さえるべき重要なポイント

社会人としての人間関係は、学生時代の人間関係の延長線上にはない

- **年上には敬意を払う。社外の人は年下でも同様**
- メールの敬称と言葉づかいも、仲良くなったからといって**急にくだけた感じにしない**
- 心地よい距離感は、人によってまちまち。自分としては仲良くなったつもりでも、相手もそうとは限らない。**距離感は少し遠めにしておいたほうが無難**である
- 相手が年下というだけで、さほど親しくないのにタメ口で話す。一度あいさつしただけなのに、友人のようなメールを出す。こうした態度は、**相手を不快にする可能性が限りなく高いので注意**する

自分の行動をチェックしてみよう

☐ **目上の人には敬意を払っている**
→ 職位が上の仕事ができる人と仕事ができないと噂されている年上の人、知らず知らずのうちに態度を変えてはいませんか？

☐ **すべての人に対し、同じように接している**
→ 年下の人やスタッフ、こちらが発注側の取引先の人たちにも、目上の人と同じく、ていねいに接しています

☐ **安易に距離を詰めすぎていない**
→ 仲良くなれば近づいたほうがいいと誤解していませんか？

入社1年目の疑問・質問にすべて答えます

Q このご時世、
年齢でくくるのは時代遅れではないでしょうか？

A そうですね、時代遅れかもしれません。ただ、こうした判断も「**相手
がどう思うか**」でおこなってください。自分がどうしたいかではあり
ません。あなたは年齢なんて関係ないと思っていたとしても、相手が
そう思っていなければ、「無礼なヤツだ」と思われてしまいます。友人
であれば構いませんが、**仕事関係の人とは適度な距離感を保つ**ことが
肝要です。友人でもないのに、自分のほうが年上というだけで「く
ん」づけで呼ぶ人や、なれなれしくタメ口で話しかけてくる人は、正
直、私は得意ではありません。もちろん、相手があなたに「タメ口で
いいよ」と言ってくれたら、喜んでそうしましょう。

Q メールで使う「様」「さま」「さん」の
使い分けがわかりません。

A 距離感が遠い順に「様」「さま」「さん」と使い分けている人もいるよ
うですが、私の場合は「スタイル」として「さま」をよく使います。
親しくなった相手には、「様」より「さま」を使うことが多いかもしれ
ません。ただ、**入社1年目であれば、「様」としておいたほうが無難で**
しょう。相手が「○○さんでいいですよ」とか「お互い『さんづけ』
にしませんか？」などと提案してきたら、それに合わせましょう。

Q 「同期だからタメロでいいよ」。
同じ高校出身の1年先輩に言われました。
ほかの同期の手前、対応に困ります……。

A これも**相手次第**です。その先輩と同期のみんながどう思うかで決めて
ください。**みんなの居心地がよければどちらでもいい**でしょう。私も
大学時代に同じ経験をしました。高校の1年上の先輩が同じクラスに

067

なったことがあります。そのとき私は「さんづけ、タメ口」で対応しました。

Q 私はタメ口で人と話すのが苦手です。
みんながタメ口で会話している中で
「きみだけよそよそしい」と言われました。

A 丁寧語で問題ありません。とはいえ、自分が正しいと思っているからといって、それを人に押しつけるのはやりすぎです。敬語をしっかりマスターし、丁寧語で話す分には問題ないと思います。特に注意したいのは、逆のパターン。**1人だけカジュアルすぎるのは絶対にNG**です。

Q 派遣スタッフとの距離感がわかりません。
仕事では近くにいてランチも一緒に行く仲ですが、
プライベートの話は聞けません。

A 新しい要素が入ってきましたね。この場合、派遣スタッフさんとあなたとの関係は、「会社対会社」であることを忘れてはいけません。友人ではない立ち位置です。こちらが友人だと思っていても、相手はクライアントだから、取引先だから仕方なく合わせているというケースもあり、行きすぎるとパワハラやセクハラ問題に発展するケースも……。親しき仲にも礼儀ありで、一定の距離感を保つことを心がけましょう。

社内メールに「○○さん」と書くようになってから

　皆さんは、会社の同僚をどのように位置づけていますか？　究極的に言えば、同僚は「仲間」ではありますが、友人ではありません。

　飲みに行って、みんなが酔っぱらって騒いでいるときは、全員と仲良くしゃべったり、盛り上がったりして友人のような関係になると思います。でも本当は違うのです。むしろ、友人であってはいけないと思います。仕事のプロフェッショナルとして、たまたま同じ会社に入り、たまたま関係ができた「仲間」にすぎないのです。だからこそ距離感を誤ってはいけないのです。

　私の反省したケースをお伝えします。実は、2年ほど前から、私は社員に送るメールにすべて「○○さん」と宛名を書くようにしています。それまでは、小さな会社ですから社員と親しくなっていたこともあり、親しいがゆえにラフなメールを送ってしまったこともありました。具体的には、宛名も書かず、あいさつもなく、チャットのように殴り書きをした、たった1行のメールです。

「○○の件って、どうなってたっけ？」

「こういう状況です」

「じゃあ、引き続き進めて」

「承知しました」

　こうした1行メールで指示が雑になり、社員へ語りかける言葉までもが軽くなる気がしました。相手への敬意という意味でも、よくないことだと反省しきり。メールはチャットではありません。用件を整理して伝えないと確実に伝わらないのです。

　そこで、冒頭に相手の名前を「○○さん」とつけることにしました。やり始めると、自然と背筋が伸びるような気がして、妙なこと、いい加減なことを書けなくなりました。なれ合いになっていた社員との間に適切な距離感をとったことで心地よい緊張感が生まれ、仕事がそれまで以上にていねいになりました。

初級 | 人間関係

読み終えたらチェック □

13 目上の人を尊敬せよ

この項目で押さえるべき重要なポイント

どんなタイプの人からでも
学べることはある。そういう姿勢から、
信頼関係は築かれていく

▼

- 苦手な上司とつき合うときは、欠点ではなく長所を探し、その**長所を尊敬する**
- 相手を嫌っていたり、見下したりしていると、その気持ち**は無意識のうちに態度に出てしまうもの**
- 自分より経験が多い**年長者から教わることは必ずある**
- この人にあって、**自分にはないもの**はなんだろう。常にそういう視点をもって人に接するようにしよう
- 表面的なものではなく、**心の底から敬意をもって**接すれば、相手にそのことは伝わり、信頼関係を築くことができる

自分の行動をチェックしてみよう

□ 人には良い点もあれば悪い点もあることを知っている
　➡ どんな人にも長所と短所があることを理解しています

□ 意識的に、人の良い点を見つけるようにしている
　➡ 悪い点しか目につかなくなっていませんか?

□ 苦手な上司でも良い点を見つけて敬意を払っている
　➡ 苦手な人、嫌いな人を避けていませんか?

『入社1年目の教科書』
掲載番号 (35)

入社1年目の疑問・質問にすべて答えます

Q 良いところはあるのでしょうが、悪いところが多すぎて、
良いところを見る気になれません。

A このテーマは、まさにそう感じている人のために書いたものです。目
上でも目下でも、尊敬できる人物は尊敬する。これは誰にでもできる
簡単なことです。「**尊敬できないと思っている人の良いところをあえて
見つけて尊敬しよう**」ということなので、我慢をするのではなく、何
としても良いところを見つけるという覚悟でその人を見てください。
宝探し感覚で探してみると前向きに取り組めます。

Q 優秀な先輩が、目上の人たちを尊敬していません。
態度も横柄。でも優秀な上司に認められ、出世もトップ。
となると、すべての目上の人を尊敬する
意味がわかりません。
デメリットがあるようには見えないのですが……。

A 優秀な先輩のように、目上を尊敬しなくても成果を出し続けられるの
であればそれでいいのかもしれません（個人的には賛成できませんが）。
ただ、その場合、圧倒的な成績を上げて会社に貢献し続けていなけれ
ば、受け入れられないのではないでしょうか。その人が優秀でなくな
ったとき、成績が下がったとき、同じように評価をしてくれる人がい
るでしょうか。横柄な態度というのは、かなりリスキーな選択といえ
るでしょう。

相手は人間です。**人間は誰でも長所と短所を持っています**。そのバラ
ンスが人によって違うだけです。**長所と短所はセット**なので、この人
はこういうところが得意でこういうところが苦手なんだと見る。優秀
な人、使えない人と単純にくくるのではありません。優秀か無能かと
いうことではなく、**それぞれが「特殊技能を持った人」**というだけな
のです。

071

Q 上司が「クソ」で、本当に良いところがないのです。探すポイントを教えていただけますか？

A その「**クソ**」上司にも**奥さんやお子さんがいる**はずです。独身の人でも、**親御さんや友達はいる**はずです。しかも、その人は「あなたの上司」というポジションにまで出世しています。本当にクソだったら、平社員のままだったのではないでしょうか。**どこかに何かがあるはず**です。クソだと思っていた人が、お子さんには優しかったり、ペットをかわいがっていたり、取引先からの信頼は厚かったり、警備員さんやお掃除の人と仲良く談笑していたりと、長く一緒に働いている中で人間的な魅力を発見することはよくあります。口は悪くてもメールの文章は案外ていねいだったり、数字の間違いは１つもなかったり、**どこか信頼されているポイントがあるかも**しれません。自分は何もしない部長のことを、人使いの荒い「クソ上司」だと思うかもしれませんが、経営者層から見ればその人は、自分の能力を過大評価せずに、できないことは素直に部下に任せて成果を出している「できる上司」かもしれません。こんなふうに、**いろいろな角度から上司を眺めてみましょう**。新しい発見があるかもしれません。それで本当に何もなかったら、**反面教師**として観察し、自身の「学び」としましょう。「残念な例を自ら示してくれている」という長所が見つかったとも言えるかもしれません。

| 初級 | 仕事術 | 読み終えたらチェック □ |

ミスをしたら、再発防止の仕組みを考えよ

14

この項目で押さえるべき重要なポイント

ミスが起こってしまったときは、
仕組みを変えるチャンスと考える

▼

- どんなに優秀な人でも、**最初からすべての仕事をミスなく完璧に仕上げることは難しい**
- **ミスが必ず起こるもの**だとしたら、そのときが意識を変える絶好のチャンス
- ミスをしたときに重要なのは、同じミスを二度と繰り返さないための**再発防止策を考える**こと
- ミスが起こるのは個人の責任ではなく、**仕組みに問題がある**から。再発防止策は、ミスが起こらない仕組みを作り出すこと
- ミスをしたときの叱責は、**改善のフィードバック**ととらえる。人間性を否定されているわけではない

自分の行動をチェックしてみよう

□ **人はミスをする生き物だと思っている**
 ➡ ミスをする人は無能だと思っていませんか?

□ **叱られても、人格を否定されたわけではないと知っている**
 ➡ ミスをしたときに叱られても、立ち直れないほど落ち込むことなく、反省して次への糧としています

□ **ミスの起こらない仕組みを考えている**
 ➡ 次はミスをしないと決意するだけで終わっていませんか?

『入社1年目の教科書』
掲載番号(38)

入社1年目の疑問・質問にすべて答えます

Q じっくりやるのが苦手で、仕事は速いのですが、雑です。
こういうタイプの人間が
ミスを減らすコツはありますか?

A スピードが速いけれど雑であることは、決して悪いことではありません。ただ、書類の作成を例にすると誤字脱字・てにをは・数字など、ミスにはパターンがあるので、**自分のミスのパターンを分析してください**。その上で、たとえば最後に必ず検算する習慣をつけたり、エクセルにチェック機能をつけたり、**ミスを防ぐ仕組みをつくる**。これがミスを減らすコツだと思います。

Q ミスをして叱られると、
人格攻撃ではないと知っていてもヘコみます。
気にしすぎないコツはありますか?

A 感情を排し、**犯したミスをノートに記入してみましょう**。客観的になれば落ち込むことはなくなります。同期に「また怒られたよ、テヘペロ」でも構いません。新人は怒られるもの。気にしないでください。それよりも「次同じ場面に遭遇したらどう対処するか」を、しっかり考えておくことが大事です。

Q 覚えることが多すぎて、一度のミスでは終わりません。
強い口調で怒られますが、
指示をする上司にも問題があるように思います。

A そうですね、上司の責任が0%ということはないと思います。ミスをしっかりと記録し、振り返る。そこには上司や先輩ではなく、**メンターのような人がいたほうがいいですね**。**第三者**に再発防止の仕組みを口に出して言うだけで、ミスは減ります。

Q 「仕組みのせいにするな、おまえの問題だ」
と言われます。

A どこまでが自分の問題で、どこからが仕組みの問題かをよく考えてみ
ましょう。若い人がミスをするのであれば、ミスをしないような仕組
みにするべき。**上の立場であれば、仕組みのせいと考えるべき**です。

| 初級 | オフビジネス | 読み終えたらチェック ☐ |

15　休息を取ることも「仕事」だ

この項目で押さえるべき重要なポイント

いつか必ずやって来る
「勝負どころ」に備えて、
日々の体調管理に気を配っているか

▼

- 最高のパフォーマンスを発揮し続けるためには、**体調を整えることをおろそかにしてはならない**
- **十分な睡眠**と、それをアシストする**入浴**は最も重視すべきコンディショニング。疲れていたら無理をして仕事をするのではなく、たっぷりと睡眠をとり体調を整える
- **朝の時間を有効に使いたければ、早く寝るしかない**
- 睡眠時間を削って「朝活」をしようとしても、いつか破綻する
- 体調面で自分を**客観視**し、**人の意見**にも耳を傾けるべき

自分の行動をチェックしてみよう

☐ **睡眠時間をしっかり確保している**
　➡ 忙しさにかまけて、睡眠をおろそかにしていませんか?

☐ **体調管理も仕事のうちだと理解している**
　➡ 気合で乗り切ろうとせず、体調変化にもしっかり耳を傾け、調子が悪いときは早く帰ってお風呂に入って寝るなどしています

☐ **大事な場面で力を発揮できるよう心身ともに整えている**
　➡ 体力があってこそ発揮できるパフォーマンスだと心得ています

『入社1年目の教科書』
掲載番号(42)

076

入社1年目の疑問・質問にすべて答えます

Q 「早く帰れ」と言いながら大量の仕事を振る、
鬼のような上司の直属です。
この矛盾の中、どうやって睡眠時間を確保すれば……。

A きちんと話をして、**業務量を減らしてもらいましょう**。ここまではできますが、これ以上はオーバーキャパシティだと説明するべきです。あるいは優先順位をつけてもらい、1つずつ締め切りを区切っていく作業を一緒にやってもらいましょう。

Q 朝は早く起きたほうがいいことはわかっていますが、
1分でも長く寝ていたいのです。

A 早く寝てください。**早く寝れば、おのずと早く起きられます**。毎日が難しければ、週に何日かでもいいから早く寝る日をつくってください。これは習慣なので、実行するしかありません。

Q 土日は昼過ぎまで寝ています。
今週も何もしなかったと日曜の夜に後悔するのですが、
それでも睡眠を優先すべきでしょうか。

A 人間として、**体を休めたほうがいいのはたしかです**。週末に寝ていたいと思うのは、平日の疲れが溜まっているからなので、**寝ていてもいいと思います**。仕事に慣れれば、だんだんと週末の睡眠時間も減ってくるでしょう。**週末は「平日のための充電」**と考えれば、罪悪感もなくなります。

Q 休息は睡眠だけではないと聞きました。
具体的にどのようなものがありますか？

A 血の巡りが大切なので、ストレッチ、マッサージに行くなど**自分の体を商品のように大切に扱うことが大切です**。若いころは体力があるの

077

でそういうことに気づかないものですが、何か問題が起こってからでは遅いのです。そうならないためにも、体のメンテナンスは定期的におこない、継続してください。

人生の3分の1を過ごす
ベッドへの出費は惜しみなく

　若くして大成功した起業家Aさんと、別の友人Bさんの家で食事をしながら雑談を交わしていました。
「俺さ、ベッド買ったんだよね。高いやつ」
　Bさんの一言に、私もAさんも、高額なベッドという未知の世界に関心を持ちました。
「そのベッドに替えてから、睡眠の質がぜんぜん違うんだよ。5時間の睡眠でも、7時間眠ったような感覚があるんだよね」
　Bさんのその言葉に、普段高いものを買うことのないAさんが食いつきました。
「めちゃめちゃ費用対効果が高いじゃないですか」
　後日、Aさんと私は一緒にベッドを見に行き、良いものに買い替えることにしたのです。
　Aさんのベッドはかなり高額でしたが、良質な睡眠を取ることで仕事の生産性が上がり、自分の時間が増えるのであれば、高い値段のベッドを買っても十分に元は取れるという計算だったのでしょう。「すごくいい買い物をしました」と、喜んでいます。
　Aさんほど高額ではありませんでしたが、私も買い替えたベッドに寝てみると、たしかに疲れの取れ具合がこれまでのものとまったく違うことに驚きました。長い目で見れば、Aさん同様「費用対効果の高い」買い物です。
　だからといって、皆さんにも高額なベッドを買うようすすめているわけではありません。お金をかけなくても、時間と工夫で、良質な睡眠を得ることは可能でしょう。
　先ほどお伝えしたとおり、早く寝る日をつくることもそうです。工夫でいえば、アイマスクをして寝るのもおすすめです（アイマスクは100円ショップなどでも買えます）。また、ジャージやスウェットではなく、通気性のよいパジャマを着て寝るだけでも、睡眠の質は向上するでしょう。
　いずれにしても、人生の3分の1も費やす貴重な時間を有意義に過ごしたいものです。

考えてみよう

記入日

> 11　敬語は外国語のつもりで覚えよ
>
> 12　相手との距離感を誤るな
>
> 13　目上の人を尊敬せよ
>
> 14　ミスをしたら、再発防止の仕組みを考えよ
>
> 15　休息を取ることも「仕事」だ

■ 11〜15について、あなたの仕事で具体的にどう活かしますか?

11

12

13

14

15

■ 11〜15について、職場などで話し合いましょう。

[話し合いで得た気づき]

初 級 編
振 り 返 り

記入日 _____

■ ここまでの気づき、学びを書き出しましょう。

■ 実際の仕事で活かせたことを書きましょう。

─── [上司・先輩・同期、もしくは「1年後の自分」からのアドバイス] ───

記入日

中級

これができれば、
仕事を通じて
大きく成長できる

中級 | 仕事術

16 単純作業こそ「仕組み化」「ゲーム化」

この項目で押さえるべき重要なポイント

自分なりの工夫をすることで、
周囲と違う成果を出せているか

- 単純作業だからといって軽視しない。**大切な仕事**である
- グラウンド整備、球拾い、ジャガイモの皮むき。**どんな世界でも単純作業は存在する**
- **効率性、生産性を高めるためのアイデア**を考えながら取り組む
- コピー機の機能をフル活用し、**コピー取りは手早くかつていねいに**
- **データ入力は宝の山**。売上数字や取引先相手など、たくさんの情報が作業から得られる
- **仕組み化**を考えたら、今度は単純作業をなくすことを考える

自分の行動をチェックしてみよう

☐ 単純作業こそ、その目的を意識している
　➡ 単純作業を軽視していませんか？

☐ 仕組み化・ゲーム化で、単純作業のスピードを高めている
　➡ 楽しみながら成果を上げ、周囲との差別化を図っていますか？

☐ どんな仕事もチャンスととらえている
　➡ その単純作業にかかるコストを半分にする、その作業そのものが不要になる等、画期的なアイデアを提案できたら、あなたは「付加価値を提供できる人」だと評価されるでしょう

入社1年目の疑問・質問にすべて答えます

Q 単純作業は人と関わらなくてすむし、
考えなくてすむから、実のところ気に入っています。
それでも工夫しなければいけませんか？

A ここは「単純作業がおもしろくない（嫌い）」という前提の話ですので、
工夫することも難しくすることもありません。**単純作業を楽しめる人
は、思いきり楽しんでください。**

Q 自分がやらなくてもいい仕事だと思うと、
なかなかモチベーションが上がらないのですが。

A これはテニス部に入ってコート整備をやりたくない、ボール拾いをや
りたくない、コートでボールを打ち合っていたいと言っているのと一
緒です。モチベーションが上がらなくても、テンションが下がっても、
誰かがやらなければならない大切な仕事です。

Q 経費の精算など、
もっとITや外部サービスを利用すればいいのに……。
ムダな単純作業が多い気がします。

A その通りです。いろいろなITツールを使うことで、効率化できる単純
作業は増えています。しかし、オジサンたちはその方法を知りません。
**若手ならではの知恵と経験で、ITによる業務効率化を提案し、改善し
てもらいたいのです。** ITは苦手でもコスト意識の高い上司は多いはず。
コスト削減提案であれば、すんなり受け入れられる可能性も。コピー
ひとつとっても、コピー機の全機能を駆使すれば、それまで手作業で
やっていたことが不要になることもあるかもしれません。単純作業を
嫌がるのではなく、単純作業に積極的に取り組み、仕組み化、ゲーム
化を考えることで、新たな発見が生まれることを期待しています。

中級 | 仕事術

17 仕事の効率は「最後の5分」で決まる

この項目で押さえるべき重要なポイント

合意したことを手早くまとめ、書き出し、
それを見ながら確認しているか

- 上司や先輩とのミーティングや打ち合わせには**必ずメモを持参**し、要点や数字など、大事なことは確実に書き取る
- 席に戻ったらすぐに「**次にやること**」を確認し、ミーティングに同席した上司や先輩にメモを見せながら復唱する
- 大切なのは予習より**復習**。振り返りと記録。そしてNext To Do
- 「**最後の5分**」を惜しまないことで、理解は深まり定着する

自分の行動をチェックしてみよう

☐ 上司や先輩の指示などをきちんとメモしている
 → 指示であれば、期限やデータのやりとりの方法など、必要な情報を正確に記録しましょう

☐ メモをもとに、認識違いや不足はないか、上司に確認している
 → わかりきっていることを確認するのは恥ずかしいと思っていませんか？ 思い込みや勘違いは案外多いものです

☐ 新たにやるべき業務はないか、確認している
 → 次のミーティング日時を確認したら会議室の予約がまだだったなど、指示を確認する中で新たな業務が発生することも

入社1年目の疑問・質問にすべて答えます

Q　メモを取っているのに、確認する必要はありますか。

A 「メモの確認」は、相手との意識を合わせる作業です。メモを取ること
を禁じてメンバーに指示を出し、あとでどのような指示だったか書い
てもらうと、微妙に違っていることがあります。トップからの指示は、
レイヤーが多いほど「伝言ゲーム」のようになってしまうもの。時間
の経過と関与者の数が多いほどミスリードは増えます。だからこそ、
当事者が顔をそろえているときに「決定事項」を確認し、意識を合わ
せることで、そのあとの行き違いやムダが減るのです。

**Q　確認しようとすると「おまえ、聞いていなかったのか！」
「しつこい！」と上司に煙たがられてしまいます。**

A それでも確認したほうがいいと思います。怒られることを覚悟して「し
つこくてすみません！」と確認するほうが、指示を間違って見当違い
のことをするよりいいでしょう。あくまで「内容の確認」です。「先ほ
どいただいたご指示は何でしたっけ？」では、さすがに上司もムッと
するはず。「この認識でよろしいでしょうか」と、すり合わせをする。
メモを見せながらであれば、「まったく聞いていなかったのだな」とは
思われません。伝え方には気をつけましょう。

**Q　打ち合わせはすべてレコーダーで
音声を録音しているから大丈夫。
忘れたら聞き直せばいいから、確認は不要です。**

A 仕事というものは、すぐさま次に移らなければなりません。録音を聞
き直すのは非効率な上に、**相手の発言のニュアンスは逆の意味だった、**
なんてこともあるので、音声だけでは情報不足かも。そのための確認
なのです。その場の仕事はその場で片づけ、積み残さないのが基本です。

089

中級 | 仕事術　　読み終えたらチェック ☐

18 仕事は復習がすべて

この項目で押さえるべき重要なポイント

**せっかくの学びや経験を
その場限りの出来事で終わらせない**

▼

- 仕事とは**日々の積み重ね**である
- 仕事中は常に**メモとペンを持参**し、気づいたこと、重要なことは書き留めておく
- 人は忘れる生き物。メモを読み返すことで**自身に定着させる**
- 少なくとも**1日に1回**は、その日に書いたメモを読み返そう
- 新たに気づいたこと、追加で学んだことは、当初メモしたときとは**異なる色の文字で書き足す**
- 知識や経験の**ストックを増やし**、仕事のスピードを上げていく

自分の行動をチェックしてみよう

☐ 仕事中に得た気づきや学びをメモしている
　➡ 学びや気づきを、その瞬間だけのものにしていませんか？

☐ 自分のメモは、1日の終わりに読み返している
　➡ 数々の貴重な学びや気づきを、自分の中に定着させる習慣をつけましょう

☐ さらなる気づきを書くなどして、メモの内容を更新している
　➡ 学びの質を高め、仕事に活かそうとしていますか？

『入社1年目の教科書』
掲載番号 (9)

入社1年目の疑問・質問にすべて答えます

Q 復習まで手が回りません。予習の時間を削ってでも、
復習に時間をかけるべきでしょうか。

A 慣れるまでは大変だと思いますが、そうしてください。極言すれば**予習よりも復習**だと思います。復習は、この先のあなたの仕事における血となり肉となり、骨となるからです。復習しなければ、人は得たものを急速に忘れていきます。予習を完璧にして100のものを手に入れたのに、復習を怠って10しか残らないより、予習が足らずに30しか手に入らなかったものを、復習をがんばって20残したら、こちらのほうが定着するものは大きくなります。

Q ずばり、復習の「肝」を教えてください。

A **定着と継続と連続性**です。たとえば、誰かに会ったあとにお礼のメールを送ると思いますが、そこに「今日はこの3点が勉強になりました」と書くのも、定着させる復習です。読書感想文を書くこと、初めて会った人の名刺の裏に特徴や話題を書くことも、復習といえるでしょう。学びや気づきは、瞬間で消えてしまうもの。それを残して**定着させるには、復習しかありません**。復習をして学びや気づきを定着させ、レベルアップしていきましょう。

Q そこまでやらなくても、
経験を積めば自然と覚えませんか？

A それはそうですが、**成長スピードは10倍ぐらい違う**と思います。学んでは忘れ、気づいては忘れを繰り返すと、レベルが上がっては下がるの繰り返しで非効率です。ほんの1分の復習によって定着するのであれば、やらない手はありません。1日1分でも1年後には、やらなかった人との差は大きなものになります。

091

| 中級 | 仕事術 | 読み終えたらチェック □ |

19 会議では新人でも必ず発言せよ

この項目で押さえるべき重要なポイント

新人でも、チームの役に立とうとして、自分なりに考え、行動しているか

▼

- 会議に出席したら、**何らかの形で貢献する**のが社会人のルール
- 会議では、**最低でも1回は発言する**と決めて臨む
- その際、**新人ならではの貢献**をすることを考える
- 若者ならではの世代感覚、業界の常識にとらわれない発想など、**新鮮な視点を提供**する
- 現場の情報や顧客の生の声を足で稼ぎ、「**今現在の現場感覚」を伝える**ことを意識しよう
- 発言が許されない会議であれば、コピー取りでも、お茶くみでも、議事録をつけるでも構わない。**あなたなりの貢献**をしよう

自分の行動をチェックしてみよう

□ **会議に出席したら発言しようと思っている**
➡ 新人は「ただいるだけでOK」だと思っていませんか?

□ **発言するための材料を積極的に集めている**
➡ あらかじめ議題に関する現場の声を収集するなど、できるかぎりの予習をおこなっています

□ **新人なりの新鮮な付加価値を提供できている**
➡ 若者の声や新しい視点など、ベテランにはない切り口で発言しています

「入社1年目の教科書」
掲載番号(11)

入社1年目の疑問・質問にすべて答えます

Q えらい人しか発言していない会議で、
新人が発言できる雰囲気ではありません。

A そういう会議であれば、**無理に発言する必要はありません。**その代わり、資料を配ったり、お茶を配ったりするなど、**何らかの貢献をしてください。**もちろん、議事録をとるのもいいでしょう。ただ、本当に「新人は発言してはいけない」会議なのでしょうか。**事前に上司に相談してみてください。**「それだったら最後に時間をとろうか」などと言ってくれることも。ダメだ無理だと最初からあきらめず、素直に聞いてみること。案外OKをもらえることもあります。

Q 「新鮮な視点」というのがよくわかりません。
もう少し具体的に教えてください。

A どのビジネスでも、長くいるとその業界の常識みたいなものが染みついてしまいます。そういうとき、「なぜそれはそうなっているのですか？」という質問に、大事なことを気づかせてもらうことがあります。子どもの質問もそうです。先日、友人のお子さんが「なんで日本には女性の総理大臣はいないの？　人気がないの？　仕事ができないの？」と聞いてきたそうです。こうした、普段大人が疑問に思わないような質問は、ハッとさせられます。ぜひ**素朴な疑問や生活者の視点から不思議に思ったことなどを質問しましょう。**

Q わからないことだらけで、意見というより、
疑問しか思い浮かびません。
会議で質問をしてもいいのでしょうか。

A ごく基本的なことでも、みんな知ったかぶりをしているだけで実は聞くタイミングを逃していたということもあります。**若い人が聞いてくれると助かることもある**ので、ぜひ質問してください。

中級 | **ビジネスマナー**

20 「早く帰ります」宣言する

> **この項目で押さえるべき重要なポイント**
>
> 仕事で大切なことの1つは、
> 予測可能性が担保されることである

- 早く帰ることは決して**悪いことではない**。それを事前にしっかり伝えておくことと、**やるべき仕事をしっかり終える**こと
- 問題は、突然「早く帰ります」と言い出して、終えなければいけなかった仕事が滞ってしまうこと
- だからこそ、「早く帰ります」のアラートは、**できるだけ早めに発信し**、関係者にすみやかに相談すること
- その上で、**対応策まで協議**できれば社会人として合格
- 理由は何であれ、早く帰ったことで**遅れた仕事は、次の日にしっかりと埋め合わせ**をしよう。事前に片づけておくのが理想

自分の行動をチェックしてみよう

☐ 帰るときにしっかりとあいさつしている
　➡ 後ろめたさから、こっそり帰っていませんか?

☐ 早く帰るときは、上司に事前に伝えている
　➡ 突然「帰ります」と言って、逃げるように会社を出ていませんか?

☐ やるべき仕事はしっかりと調整している
　➡ 予定があるからといって仕事を途中で放り出して帰らず、事前に上司に相談し、どこで穴埋めをするべきか決めています

入社1年目の疑問・質問にすべて答えます

Q 早く帰ることで、
やる気のない新人だと思われたくありません。

A この「早く帰ります」宣言は、毎日ではなく、**ここ一番での宣言**と思ってください。特別な事情があってその日は**絶対に早く帰らなければならないときは、前もって理由と帰る時刻を伝え、仕事に支障がないよう調整**した上で、サッと帰りましょう。

Q 正直、定時になったら一刻も早く帰りたいのですが、
仕事が終わらなかった場合、どうすればいいのですか。

A **新人の場合「仕事にかかる時間」の見積もり方がまだ甘いのです。**どれぐらい残業すれば終わるのか、おおよその見当をつけることもできません。その場合、自分で判断するより**早めに上司に相談してください。**1時間がんばればできる仕事なのか、どんなにがんばっても3時間かかる仕事なのか。前者の場合は、残業してもいいでしょうが、後者の場合は翌日に回したほうがいいこともあります。仕事の進め方も含め、上司とよく話し合ってください。

Q 全員残業が当たり前の部署なので、
言える空気ではありません。

A 先ほども言いましたが、毎日のことではないので、**前もって相談すれば許可されないということはない**と思います。「2週間後、こういう理由で早く帰りたいのです。仕事の調整をしたいので、アドバイスをいただけませんか」。こう言われて「ふざけんなよ、おまえ」という上司はめったにいないと思います。

095

Q みんながいなくなったあとのほうが、
社内の人と話しやすいので早く帰りたくありません。
朝は苦手だし、夜に仕事をしたい。

A 気持ちはわかりますが、今の時代、この考え方は認められません。

Q どのくらいの頻度で早く帰ったら、
やる気を疑われるのですか。

A 回数の問題ではないと思います。あくまでもその人の印象です。もと
もとやる気を疑われている人が早く帰るから、よけいに目立つのでしょ
う。つまるところ、「やるべきことをやっている」とセットだと思い
ます。やるときはやる。でも早く帰れるときは早く帰る。毎日ダラダ
ラと仕事をして残業続き、というのも、問題でしょう。信頼されてい
る人が、周囲に迷惑がかからないように事前に調整したうえで早く帰
ることに、文句を言う人はいないでしょう。

Q 早く帰りたいなら、
仕事を覚えてからにしろと言われました。
しばらくは早帰りは
あきらめたほうがいいのでしょうか。

A あきらめることはありません。理由は先ほどお話しした通りです。ただ、
**仕事を手際よく効率的にこなせるようになると、働き方の選択肢が増
えるのは事実**。より質の高い仕事を速くおこなうためにどうすればい
いか、上司のアドバイスをもらいながら、自分なりに改善改良を加え
ていきましょう。

Q 早くても遅くても、
帰るときにどんな顔をして帰ればいいかわかりません。
いつもおそるおそる逃げるように帰っています。

A それはよくありません。**帰るときは堂々と帰りましょう。**

働き方改革が叫ばれているご時世なので、以前よりも早く帰りやすく
なっているはずです。あえて上司の目線でアドバイスすると、少なく
とも上司に事前に言っておいたほうがいいかもしれません。**上司にア
イコンタクトをしてから「お先に失礼します」とささやいて、スッと
会社を出る**イメージです。

**仕事もプライベートも
ていねいに生きる**

　ライフネット生命のコールセンターで、ある時期私も電話応対をしていたことがあります。そのとき、社員にこう怒られました。「岩瀬さん、足を組むのはやめてください。お客さまが目の前にいると思って応対願います！」

　もちろん、お客さまに電話口での態度が見えるわけはありませんが、姿勢は声になって表れ、必ずお客さまに伝わるものなのです。私ははっとさせられ、深く反省しました。それ以後、仕事もプライベートも「ていねいに生きる」ということを、折に触れて心がけています。

　ひとつひとつ、ていねいに生きることで、いい仕事ができ、日々の生活も豊かになり、良い運気が巡ってくるような気がするのです。

　時間に余裕をもって出かけ、地下鉄や徒歩で、自分の足を使って街を歩く。ゆっくり歩く。ときおり立ち止まって、深く呼吸をする。

　道に迷っている人、困っている人がいたら、こちらから積極的に声をかけてみる。落ちているゴミを拾う。

　「おはよう」「こんにちは」「ありがとう」を怠らない。

　手元にある企画書、契約書、稟議書。相手からの手紙のようなつもりで、一字一句、ていねいに読み込んでみる。

　サインは自分なりにきれいな字で書き、ハンコも真心をこめてひとつひとつ押す。たとえばこんな具合です。

　書類を両手で受け取る、コンビニで小銭をぽんと投げない。呼ばれたら目を見て返事をする。こんな小さな「ていねい」から、皆さんもはじめてみてはいかがでしょうか。

　ていねいに生きている人の仕事は、単純作業からも垣間見えます。コピーを相手が見る向きに回して渡す、ペンを相手の利き手の前に置く。日常をちょっと「ていねい」にするだけで、単純作業も、心のこもった温かいものになります。相手のためだけでなく、ご自身の豊かな人生のためにもぜひ実践してみてください。

考えてみよう

記入日

16 単純作業こそ「仕組み化」「ゲーム化」

17 仕事の効率は「最後の５分」で決まる

18 仕事は復習がすべて

19 会議では新人でも必ず発言せよ

20 「早く帰ります」宣言する

■ 16～20について、あなたの仕事で具体的にどう活かしますか？

16

17

18

19

20

■ 16〜20について、職場などで話し合いましょう。

[話し合いで得た気づき]

中級 | ビジネスマナー

21 コミュニケーションは、メール「and」電話

この項目で押さえるべき重要なポイント

相手の状況や気持ちを想像し、
的確な気づかいができるかどうか

▼

- メール・チャット・電話・対面。それぞれのコミュニケーション手段の特性を知り、**相手が求める方法をその都度選択**しよう
- すべてのメールを隅から隅まで読んでいるビジネスパーソンはいない。急ぎのときは、チャットや電話で**確認を**
- メールは完璧なコミュニケーション手段ではない。メールの送信は相手との**コミュニケーションの始まりにすぎない**
- メールだけでは**正確なニュアンスが伝えきれない**場合は、同じくチャットや電話で補足する
- 直接会うこと、直接話すことは、**今でも最強のコミュニケーション手段**である

自分の行動をチェックしてみよう

☐ メール以外の手段でもコミュニケーションを取っている
→ 自分にとってラクな手段だけに頼らないようにしています

☐ 電話や直接会うことを好む人もいることを知っている
→ 電話や対面での会話を求める人がいることを知っています

☐ 相手によって連絡手段を変えている
→ 相手の望むコミュニケーション手段を把握し、人によって連絡手段を選んでいます

入社1年目の疑問・質問にすべて答えます

Q ビックリマーク！、顔文字(^_^)、どこまで許されますか？

A コミュニケーションはすべてプロトコルかつ作法なので、相手によって大きな幅があります。相手やチーム内のプロトコルに合わせることを第一に考えてください。**まずは相手より「少していねい」なやりとりを心がけ**、相手との関係性が築けたら徐々に相手に合わせましょう。

Q 言いにくいことをメールで書いてしまうと、
文書に残ってトラブルになりそうです。
どうすればいいのでしょうか？

A **残って困るようなことは、メールに書かないのが鉄則です。**言いにくいことを伝えたいのであれば、その話をしたいから時間をくださいとメールに書き、実際に会って話をするべきでしょう。つまりはメール「and」対話ということです。

Q 電話が怖い……。内線も苦手です。

A **慣れてください。**そのために、電話をかけまくってください。まずは同期を相手に練習を。同期にも苦手な人がいるはずです。ランチに誘うときなど、意識的に内線を使ってみましょう。

Q 電話をかける人を無能呼ばわりする人がいます。
本当に電話は有効な手段なのでしょうか？

A これは、**相手次第**だと思います。かけてきてほしくない人がかけるから悪しざまに言われる。しかし、かけてきてほしい人からかかってきたら、素直に嬉しいと思うのではないでしょうか。この議論はすべてのコミュニケーションと同じで、相手が心地よいかどうかを考えられるかということなのです。**電話が嫌いだという人と同じぐらい、電話が好きだという人もいる**ことを知っておきましょう。

中級 | 仕事術　読み終えたらチェック

22 ファイリングしない。ブクマもしない

この項目で押さえるべき重要なポイント

**情報収集が目的ではなく、
アウトプットをイメージして取捨選択する**

▼

- そもそも情報は、**使わなければ意味がない**
- 紙で保存しておくべき情報はほとんどなく、どうしても必要なものは、PDFにするなど、**電子化しておけば困ることはない**
- インターネット上、パソコン上のどこにどのような資料があるかを**把握しておくだけ**でいい。わかっていれば収集する必要はない
- 情報をまるごと収集すると、集めた時点で安心してしまい、使うことなく溜まっていく
- **アウトプットをイメージし**、本当に使うものだけは書き写すなどして取捨選択する

自分の行動をチェックしてみよう

☐ 情報は「集めること」が目的ではないことを理解している
　➡ 情報は集めるだけでは意味がなく、使わなければ活きないことを認識しています

☐ 重要な情報はどこにあるか知っている
　➡ 検索すれば出てくるものは、いちいちブックマークしません

☐ 本当に大事なことは、アウトプットを想定して書き写している
　➡ 何のための情報収集か認識し、必ず使うものだけは、メモに記録するなどして活用できるようにしています

『入社1年目の教科書』
掲載番号(21)

入社1年目の疑問・質問にすべて答えます

Q 業務マニュアルなど、新人はもらう書類が多すぎて、
ファイルしないと管理できません。

A このテーマは、正直に言ってしまうと「大人のプレー」なのです。新
人はファイリングしても構いません。ただ、入社1年目の中盤以降に
なって**会社にも仕事にも慣れてきたころには、このテーマに向き合っ
てみてください。**4月に感じたファイリングに対する印象と、冬や翌
春に感じた印象とでは、確実に違っていると思います。

Q 大事なことをノートに書き写しても、
読み返す習慣がありません。
ノートを有効活用するコツを教えてください。

A 活用する前の段階として、**まずは読み返す習慣をつけたほうがいいと**
思います。日付をつけて、定期的に見返す。理想は1日の終わりに見
返すことですが、最初は1週間でも構いません。この1週間に何が起こ
ったのか。そこから何を学んだのか。次の1週間に向けた課題は何か。
見返すときには重要なところに**赤ペンで線を引いたり、追加で必要な
ことを書き込んだり、不要なことを消したり**してください。その繰り
返しが、ノートを有効活用することです。

Q 上司からもらった書類やマニュアルは、
いつまで保存しておけばいいのですか?

A 紙のままファイルする必要はありません。書類やマニュアルをスキャ
ンしたり撮影したりして、**PDFファイルにして保存**しておけばいい。
捨ててはいけない種類の書類以外は、何でもデジタル保存を。

Q 気がつけばデスクトップがアイコンだらけ。
どうすれば整理できるのでしょうか。

A **ほとんどのものは消しても問題ないでしょう。** 野口悠紀雄さんの『「超」整理法』（中公新書）によると、使ったときに上書き保存し、日にちだけでソートする。フォルダも「2017年9月25日の週」とだけしておけばいいそうです。人間は「いつごろ」だけはよく覚えているといいます。その習性を活かした合理的な考え方だと思います。一定期間アクセスしなかったファイルは、迷うことなく捨ててください。その**ルールさえつくっておけば、あまり迷うことはない**のではないでしょうか。そもそも、フォルダの区分は難しいと思います。人間の営みは複雑なので、簡単に振り分けられません。

Q 世の中に出回っているファイリングの基本書などにも
「捨てることから始める」と書いてあります。
でも、捨てる基準がよくわかりません。

A 全部捨てても構わないと思います。基本的に、捨てられて困るような書類はほとんどありません。紙でもらわずに、**「データでください」** と言ってみてはいかがでしょうか。

| 中級 | 社会人の勉強法 | 読み終えたらチェック → ☐ |

社会人の勉強は、アウトプットがゴール 23

この項目で押さえるべき重要なポイント

ビジネスパーソンの勉強は、
インプットするだけで
終わらせてはいけない

▼

- ●ビジネスパーソンの勉強は、**必ずアウトプットに結びつける**
- ●ビジネス書を読むときは、漫然と読むのではなく、常に**自分だったらどうするか**を考えながら読もう
- ●そのときは本に書き込みを入れながら、メモを取りながら、必ず **"So what?"**（それはどういうことなのか）に落とし込むこと
- ●具体的に、「**自分の会社（仕事）だったらどうするか**」と置き換えて考えてみる
- ●**宝探しをするように読め**ば、毎回新しいアウトプットにつながるような発見があるはず

自分の行動をチェックしてみよう

☐ **学生と社会人では、勉強の目的が違うことを理解している**
  ➡ 知識を身につける勉強で終わっていませんか？

☐ **「自分だったらこうする」「自分の会社だったらこうなる」と考えながらビジネス書を読んでいる**
  ➡ ビジネス書を「考えるための素材」と思って、自分の仕事や会社だったらと考えながら読んでいます

☐ **学びをアウトプットに結びつけている**
  ➡ はじめからアウトプットを意識して学びを得ています

『入社1年目の教科書』
掲載番号（25）

入社1年目の疑問・質問にすべて答えます

Q 仕事が忙しくなると、
アウトプットどころか
インプットさえも止まってしまいます。
継続するコツを教えてください。

A これは非常に難しい問題です。実際問題、私もそうなりがちなので。
忙しい中、1人で勉強するのは苦しいので、継続するにはペースメー
カーとして**仲間をつくる**のがいいかもしれません。

Q アウトプットに結びつけるとき、経験の蓄積がモノを
いうと思います。入社1年目ぐらいでは、たいした
アウトプットは思いつきません。それでもこの段階
でアウトプットを意識する必要があるのでしょうか。
当面はインプットに専念してはいけませんか?

A 意味はあります。**継続は最大の訓練**です。経験がないなりにでも**考え
続けて表現し続けることは、とても大事なこと**です。先輩や上司から
見れば稚拙なアウトプットでも、やらないよりはまし。議事録を書く
ことでも、書評を書くことでも、ずっと書き続けていればだんだん上
手になっていきます。書いていない人が急に書けるようになることは
ありません。

Q 改善案や新規企画案を出しても、
上司が取り合ってくれません。

A まず、**どうして取り合ってくれないのか**を考えるべきです。あなたの
説明が足りないのか、上司のなかで何か物足りないところがあるのか、
そもそもそういうことに興味がないのか、本当に案として成立してい
るのか、それを考えてつぶしていってください。

料理教室で
チームマネジメントを学ぶ

　強い問題意識を持って仕事をしていると、不思議なことに、どんなジャンルの本を読んだり話を聞いたりしても、学びがあります。常にソリューション（解決策）を探しているので、仕事以外の経験からも、思わぬヒントを見つけることができるのです。

　私の友人に松嶋啓介さんというミシュランの1つ星を獲得したシェフがいます。「ぜひ御社の皆さんにも料理教室を体験してほしい」と声をかけていただき、私のほかに若手役員と部長クラス10人ほどで「パパのための料理教室」に参加しました。そこではラタトゥイユを作ったのですが、料理教室を体験する中で、経営に活かせるいくつかの学びと気づきを得ることができました。

　料理教室でラタトゥイユという一品を3時間かけてていねいに作り上げる過程を通じて、次のような気づきを得たのです。

①タレントマネジメント（個性的な素材とひとつひとつていねいに向き合い、個別に持ち味を引き出した上で、全体を1つの作品にまとめること）

②イノベーションの起こし方（骨太のコンセプト、進化させ続ける技術・ディテール、背後にある科学・ロジックの三位一体で少しずつ進化させていく、変えるものと変えないものを考え抜く）

③ネット生保というシンプルなビジネスモデルのあり方（お客さまにはシンプルに見えても、背後にある構成要素は手間暇かけて作り上げているので複雑な味わいを持ち、豊かになる）

④原点に立ち返り、歴史的なパースペクティブ（観点）を持って発想することの大切さ

⑤塩で素材の味を引き出す、包丁の入れ方と火の使い方で変幻自在に味と食体験を創り上げていく、料理の基本

⑥食べることと生きることの意味、健康でいるための基本である食

　これらは後づけではなく、料理を習っている間、ずっと考えていたことです。多岐にわたってインサイト（見識）と気づきを与えてもらえた、本当に素敵な時間でした。松嶋シェフいわく、料理とチームマネジメントには共通点が少なくないそうです。

中級 | 社会人の勉強法　　読み終えたらチェック ☐

24 新聞は2紙以上、紙で読め

この項目で押さえるべき重要なポイント

複数の新聞を読むことによって、
世の中の流れ、多面的な姿をつかんでいるか

▼

- **複数の新聞を定期購読する**ことで、それぞれのメディアのバイアスに気づき、物事を多面的に見る習慣が身につく
- 記事の隅から隅まで読む必要はない。**継続すること**が重要
- 自分の興味のない**見出しにも目を通す**ことで、意図しなかった発見がある可能性が高い
- 雑誌や書籍を紹介する**広告欄**で、世の中の**トレンド**を体感することもできる
- **小さな記事**は、顧客とのアイスブレイクのネタにもなる
- リアルな紙が望ましいが、紙面を再現した**タブレットでもOK**

自分の行動をチェックしてみよう

☐ 世の中で起こっていることの概要をつかむために、新聞を読んでいる
　→ ネットニュースの発信者は新聞社であることが多い。国内外の動きをつかむために、新聞に目を通すようにしています

☐ 最低でも1紙、新聞を定期購読している
　→ 理想は2紙だが、1紙でも新聞を読む習慣ができていますか？

☐ 毎日継続して新聞に目を通している
　→ 大きなニュースがあった日だけ読めばいいと思っていませんか？

『入社1年目の教科書』
掲載番号(29)

入社1年目の疑問・質問にすべて答えます

Q 2紙にサッと目を通すより、
1紙を熟読して掘り下げたほうが、
学びが多いのではないでしょうか？

A サッと目を通すのと熟読するのとでは、学びの質が違うことを理解してください。ポイントは情報の相対的な位置づけを知るということです。世の中で起こったさまざまな問題が、新聞によってどのように取り上げられたか。取り上げられ方の違いや論調の違い、ニュースの切り口の違いなど、「違い」を見ることは複数の新聞に目を通すことでしか体感できません。読み比べをすることで、1つの意見や考えに偏らずに、さまざまな視点で物事を考えられるようになるでしょう。熟読するなら、新聞より深く掘り下げてある書籍のほうが適している場合もあります。

Q 興味のない情報が書かれていても、
意識がそこに向いていないのでスルーしてしまいます。
隅から隅まで読む時間もありません。
だとしたら、紙でもネットでも同じだと思います。

A ネットでも構いませんが、**紙面ビュー**にしてください。隅から隅まで読む必要はありませんが、パラパラと眺めるだけでも得るものがあります。**見出しの大小を知る**だけでも、世の中の関心の大きさがつかめるので、なんとなくでも見出しだけは見てください。

Q スマホアプリのあるネットメディアで
代用できませんか。

A ネット系のメリットでありデメリットでもあるのは、どうしても自分の関心事、自分にとって心地よいものしか見なくなっていくことです。カスタマイズとリコメンドによって、だんだんと**好きなもの**しか見な

111

くなり、入ってくる意見が多様な広がりを持たず**極端になっていく**可能性があります。自分と異なる視点を持つことが大事なのに、正反対の方向へ向かってしまう可能性が高いのが難点です。

Q 新聞はどこから読むのがおすすめですか?

A 本の広告、スポーツ欄からでも、1面から順に読んでもいい。とにかく**パラパラめくるクセをつける**ことが大事です。興味のある記事があったらそれだけ読めばいいのです。これも継続が大事で、**1日10分でもいいので毎日続ける**ことを意識してください。

Q 岩瀬さんの日経新聞の読み方を教えてください。

A 私の場合、読み慣れているため、**パラパラとめくりながらキーワードを拾い読みする程度**です。だから、**読む時間は驚くほど短い**です。日経新聞ですと、まず1面を眺めてトップニュースの見出しに目を通しします。時々、下にある書籍広告の気になったものもチェックします。以後は、ひたすらめくりながら、仕事で関係する会社の名前や金融・保険に関する記事が出ていたら、その記事だけサッと確認します。特集記事や経済教室などの読み物は、興味のあるテーマのときだけしっかり読みます。

国際ニュースやオピニオンはFT（Financial Times英語版）を読みますので、極力時間をかけずに、**毎日の習慣としてページをめくって目を通す**ことを重視しています。

考えてみよう

記入日

> 21　コミュニケーションは、メール「and」電話
>
> 22　ファイリングしない。ブクマもしない
>
> 23　社会人の勉強は、アウトプットがゴール
>
> 24　新聞は2紙以上、紙で読め

■ 21〜24について、あなたの仕事で具体的にどう活かしますか？

21

22

23

24

■ 21〜24について、職場などで話し合いましょう。

[話し合いで得た気づき]

中級 | オフビジネス

25 仕事に関係ない人とランチせよ

> この項目で押さえるべき重要なポイント
>
> 見聞を広め、仕事の幅を広げるために、
> さまざまなタイプの人から話を聞いているか

- ランチに気楽に誘えるのは**若手の特権**である
- **いろいろな人の話を聞く**ことで、経験や知識の幅はグンと広がる
- ランチは同じ部署の先輩、気心の知れた同期とばかりではなく、**直接関係のない部署の先輩、社外の人にも**声をかけてみよう
- **役職の高い人（部長・役員・社長）**も誘ってみよう。人は頼られることが嬉しい生き物なので、無下にはされないはず
- もし個人で難しければ、**グループ**で誘えば可能性はある
- 営業職の人は、出先で他社の友人を誘ってみるのも可

自分の行動をチェックしてみよう

☐ 自分の部署とは関係のない人とランチに行っている
　➡ 決まった人とばかりだと、考えや行動、視野が広がらないので、時々違う部署の人ともランチに行くようにしています

☐ 社外の人とも積極的にランチに行っている
　➡ ランチは社内の人と行くものだと思っていませんか？

☐ 社長や役員など職位の高い人も積極的に誘っている
　➡ 気楽に誘えるのは若手の特権だからと、自ら声をかけています

入社1年目の疑問・質問にすべて答えます

Q 頻繁にランチに行くお金はありません。
若いからといって、こちらからお願いして
ご馳走ばかりしてもらうのも気が引けます。

A たまに行けばいいと思います。毎日とは言っていません。代金も「自
分で出します」といって**1000円未満のランチに行けばいいのです**。高
いランチを食べるのが目的ではなく、その人と話をするための「場」が、
夜の飲み会よりハードルの低いランチになっただけのことです。**お弁
当を買って一緒に食べる**のでもいいと思います。

Q いろいろな人とランチに行くので、
同じ部の先輩や上司から
「アイツは俺たちを避けている」と言われています。
このままでは相手にされなくなりそうですが、
気にしなくていいのでしょうか？

A 気にしなくていいと思いますが、もしどうしても気になるようだった
ら、同じ部の先輩や上司も一緒に誘ってしまえばいいのです。毎日新
しい人とランチに行く必要はないので、その人たちともランチに行く
日をつくればいいのではないでしょうか。**要はバランス**です。

Q 普段、話をしたことのない関連会社の人を
ランチに誘っても問題ないでしょうか。
スマートに誘う方法を教えてください。

A **ぜひとも声をかけてみてください**。誘い文句は「普段、お話しするこ
とがないので、いろいろとお話をお聞きしたいのですが、一度ランチ
をご一緒にいかがですか」「なかなか接点がないので、お昼でもいかが
ですか」などで問題ありません。

Q ランチタイムが45分しかありません。
それでも誰かと食事をしたほうがいいですか？

A 他の部署の人と「**一緒にお弁当食べましょうか**」と誘ってもいいかもしれません。これなら、時間が短くても大丈夫です。いつも同じメンツとランチに行くと、会社という**小宇宙**のなかでどんどん小さくなってしまいます。それを避けるため、**外部の人**と接することをおすすめしているのです。

Q 上司が「おい、メシ行くぞ」と声をかけ、部のみんなで
社員食堂に行くのが会社の文化のようです。

A 上司の方がこの本を読んでくれるといいですね。たしかに、毎回断るのはどうかと思いますが、**1週間のうち2日ぐらいはそこから出てもよい**と思います。前もって「この日は予定があるので行けません」と言っておけばいいのではないでしょうか。仕方なくつき合っても、心の中では「やっぱり行かなければよかった」と思うもの。また、いやいや来ている人がいたら、場がハッピーではなくなるので、先輩たちも嫌な気分になるはずです。他の予定があるなど、理由を言って断ること。**断る力も社会人としては身につけておくべき**だと思います。さわやかに笑顔できっぱり断り、一緒にランチに行くときは楽しく過ごす。このメリハリが、うまくつき合うコツです。

Q 部署は違っても、「同期でランチ」が会社の風習です。
どうやって断るのがスマートでしょうか？

A **断り方のパターンをいろいろ持っておきましょう**。実際に先約をつくってしまえば、断りやすいと思います。希薄な関係であれば、伝家の宝刀「ちょっと今日は仕事が立て込んでいるので……」でもいいでしょう。とにかく、断るときは率直に、ていねいに。「今資格の勉強をしているので」もあり。ただし、**嘘をついて断るのは絶対にいけません**。バレてしまったときに関係が悪化してしまいます。

| 中級 | 人間関係 | 読み終えたらチェック → □ |

感動は、ためらわずに伝える

26

この項目で押さえるべき重要なポイント

素直に尊敬の念を伝えることが
良好な人間関係をつくる

▼

- **言葉**にしない限り、**相手には伝わらない**
- 仕事ぶりに対する感謝、相手の気配りへの感動など、**心に浮かんだ気持ちを素直に伝える**ことで、相手との関係が深まる
- 人間は、年齢や立場にかかわらず**ほめられたい生き物**である
- **日本人は「ほめ下手」**。感謝の気持ちや感動したことは、ためらうことなく積極的に伝えよう
- そのとき、勉強になったこと、感動したこと、初めて知ったことなどを「**具体的に**」伝えるのが**ポイント**である

自分の行動をチェックしてみよう

□ 言葉にしないと、相手には伝わらないことを理解している
　➡ 言わなくてもわかっているはずと誤解していませんか？

□ 周囲の人に感動、ほめ言葉を素直に伝えようとしている
　➡ ほめられたいのは若者だけではない。年齢や立場に関係なく、相手に対して感動の言葉やほめ言葉を伝えるよう心がけています

□ 年上の人には伝え方を配慮した上で、感動を伝えている
　➡ 上から目線でのほめ言葉にならないよう気をつけています

『入社1年目の教科書』
掲載番号（36）

入社1年目の疑問・質問にすべて答えます

Q 何かを教えてもらったときは、
いつもその場で感謝の気持ちを伝えます。
それでは足りないということでしょうか？

A それで**十分**です。感謝の気持ちは「ありがとうございます」で伝わります。それさえできない人がいるのが現実です。あるいは、自分が思っているほど相手には伝わっていないケースがあるので、**通常の1.5倍くらいの気持ちで伝えてみてはいかがでしょうか。**

Q あまり大げさな感謝の言葉は、
相手も迷惑なのでは？

A こちらのテーマは「感動」です。「感謝」は皆さん伝えられているケースが多いかもしれません。でも感動はどうでしょうか。「すごいですね」「勉強になりました」など、感動の言葉を伝えているでしょうか。たとえば大勢の前でプレゼンした人がいたとしましょう。通常は「ありがとうございました」「お疲れさまでした」という感謝とねぎらいの言葉で済まされています。そのときに「この点が非常にわかりやすかったです」とか「このメッセージに心動かされました」などと**一歩踏み込んで感動を伝えると、相手は嬉しいものなのです。**決して大げさに伝えよと言っているわけではありません。1思ったことを、10に膨らませる必要はありません。ただ、素直に思ったまま、感じたままのことを伝えるだけでいいのです。

Q 女子です。
感動を伝えることを実践しているのですが、
同期の女子から「ぶりっ子」「点数稼ぎ」と
陰で言われてしまいます。
同性に嫌われない伝え方を教えてください。

A 正直なところ、女子の世界はよくわかりませんので的確なアドバイス
ができるかどうか……。ただ、同期に変な誤解を与えないように感動
を伝えるには、**メールを使えばいい**のではないでしょうか。ていねいに、
心を込めてしっかりと書けば、必ず相手には伝わります。これは男性
にも言えることでしょう。

中級 | 仕事術

読み終えたらチェック ☐

27 叱られたら意味を見出せ

この項目で押さえるべき重要なポイント

叱られたときには感情から距離を置き、
冷静に善後策を考えるようにする

▼

- 叱られて**落ち込まないというのは難しい**
- 理不尽な叱責に納得できないこともある
- しかし、**叱られて感情的になると、論理的思考ができず**、失敗に対する善後策を考えられなくなる
- **叱られたことはすべて「糧」になる**と考えれば、前向きにとらえることができる
- 自分の身に起こることにはすべて、**何らかの意味を見出す**ようにしよう。そうすれば、つらいことも嬉しいことも、ムダに一喜一憂しなくてすむようになる
- ミスをしたときの**善後策を考える**ことが、成長につながる

自分の行動をチェックしてみよう

☐ 叱られたことを前向きにとらえている
　➡ 叱られないようにしようと無難な道を選択していませんか？

☐ 自分に起こった出来事は、何かを教えてくれていると思っている
　➡ どんな経験からも成長できると思っています

☐ 感情的にならずに、冷静に善後策を考えるようにしている
　➡ 落ち込んだり傷ついたりしたとしても、スイッチを切り替えて「次に同じミスをしないためにどうすればいいか」を考えています

『入社1年目の教科書』
掲載番号(39)

入社1年目の疑問・質問にすべて答えます

Q 叱られた「内容」より、叱られたという「事実」に
感情的になってしまいます。
一瞬で冷静になる方法と、
心のダメージを最小限に抑えるコツを教えてください。

A 叱られるのはあなただけではありません。**新人はもれなく叱られるも
の**です。必要以上に気にすることなく、相手が何を言いたかったのか
を考え直し、メモに落とし、先輩と振り返る。そして、気にしなけれ
ばならないこと、気にしなくていいことを切り分ける。そうすれば冷
静になれるはずです。ただし、**ある程度の「叱られ耐性」**はつけてお
かなければなりません。いくら直属の上司が優しくても、お客さまか
らのクレームや、取引先から叱られることがあります。大事なのは、
叱られたときにこそ**逃げずに冷静かつ真摯に向き合う「強さ」**を身に
つけておくことだと思います。

Q どう考えても自分は絶対に悪くないんです。
それでも叱られた意味を考えなければなりませんか?

A あなたが「絶対に悪くない」ということは、「絶対にない」と思ってい
いでしょう。あなたにすべての非があるわけではないにしても、0:10
ということはありません。2:8、あるいは3:7かもしれませんが、あ
なたにも何らかの悪いところがあったはずです。悪いところとまでは
言わなくても、**誤解を招く言動があった可能性はゼロではない**と思い
ます。だから、**叱責は一度謙虚に受け止めて**ください。「どう考えても
自分は悪くない」という姿勢から、人の話を聞く謙虚な姿勢は生まれ
ませんし、成長もしません。「もしかしたら、自分にも間違っていたと
ころがあったのかもしれない」と、柔軟に考え、相手の立場になって
自分の言動を振り返ってみましょう。きっと何か見えてくると思います。

123

Q 叱責を受けると「自分はダメだ」と落ち込み、
自信がなくなります。
意味を考えようとしても、
ネガティブな思考に陥ってしまいます。
前向きになるための秘訣を教えてください。

A 叱責は人格を否定しているわけではなく、**これから身につけていかなければならない仕事のルールやゲームのやり方を教えてくれているだけ**です。むしろ、「1つ賢くなった」と喜ぶべきです。あなたが試合中にサッカーボールを手で触ってしまったとします。そこで「サッカーは手を使ってはいけません」と言われたのと同じです。落ち込んでも仕方がありません。叱責の仕方は人それぞれなので、厳しく言われることがあるかもしれません。しかし、新しいことを教えてもらったと思えばいいだけの話です。

Q 同じことで叱られないようにするには
どうすればいいですか。
決して適当に聞き流しているわけでは
ないのですが……。

A まずは叱られたことを**メモすること**。そして**手順の仕組み化**です。仕組み化をしても、どこかに穴が残っているはずなので、それをどんどんアップデートしていくことを意識できる人になればいいと思います。「次に入ってくる新人が、自分と同じようなミスをしないようにするにはどうしたらいいか」。それを常に考えてください。

Q どう見てもパワハラとしか思えない上司がいます。
自分が悪いのか、理不尽な叱責なのか、
どのように見分ければいいですか?

A 誰か「横の人」に話してください。叱られた内容を第三者的立場で見ることができる先輩に「こういうことを、こういうふうに言われたん

ですけど、どう思いますか？」と聞いてみてください。「それはあなたが悪いよ」と言われることもあるでしょうし、「俺もそんなふうに言われたことあるなあ。まあ、気にするなよ」と言われることもあるでしょう。「さすがに言いすぎだ」と言われたらしばらく様子を見て、**明らかにパワハラだったら人事に言えば**いいと思います。

| 中級 | オフビジネス | 読み終えたらチェック |

28 ビジネスマンはアスリート

この項目で押さえるべき重要なポイント

コンディショニングに
時間とお金をかけるのは、
社会人にとって必要な投資である

▼

- 睡眠と同等に重要なコンディショニングは**食事**と**運動**
- 目的は、**日々の疲れをリセット**し、翌日に最高のパフォーマンスを発揮するために**回復させる**こと
- それぞれの体調とペースによるが、**朝食をまったくとらない生活習慣は避ける**べき
- 過負荷にならない範囲の**適度な運動**でいい。あくまでもコンディションを整えるためであって、肉体を鍛えるために追い込むような負荷をかける必要はない

自分の行動をチェックしてみよう

□ **食事もコンディショニングの1つとして意識している**
  ➡ 好きなものを好きなときに好きなだけ……ではなく、栄養バランスを考えて食事をしています

□ **適度な運動を定期的におこなっている**
  ➡ 仕事第一で、体を動かすことをおろそかにしていませんか？

□ **毎朝、最高のコンディションで職場に向かっている**
  ➡ 睡眠不足で体が重いのは、社会人なら仕方がないと開き直っていませんか？

『入社1年目の教科書』
掲載番号（43）

126

入社1年目の疑問・質問にすべて答えます

Q 朝は何も食べたくありません。
無理に食べると、
もたれて調子が悪くなってしまいます。

A もたれて調子が悪くなるなら、**朝からガッツリと食べる必要はありません**。自分の調子がよくなるように、どの時間帯にどれぐらいの量を食べればいいかを、試行錯誤しながら探してください。朝は野菜ジュースだけ、フルーツだけ、ヨーグルトだけ、おにぎり1つだけでもいいと思います。**自分のコンディションに敏感になるのも仕事のうちです**。朝、どういう食事をした日は調子がよかったか、手帳などに記録しておくのもいいでしょう。

Q かなり太っていて、
ランニングをしたら膝を痛めました。
まずはダイエットからでしょうか？

A 太っている人でも、膝に負担のかからない方法はあります。たとえば**水泳**。水の中を歩くのもいい運動になります。それぞれの体格や体調に合った運動を探し、選んでください。

Q 最高のコンディションのイメージが湧きません。
もう少し具体的に教えてください。

A 難しい質問ですね……。というのは「今日、気持ちいい～!!」という感覚は、個人によって違うからです。私の感覚が皆さんに当てはまるとは限りませんので、**自分が感じた「今日、気持ちいい～!!」の状態を、記憶かつ記録しておいてください**。その状態になったのはどういうことをしたからなのか。前の日はどういう状況だったか。それまでの食事や睡眠の状況はどんなだったか。お通じはどうだったか。メンタル的にはどんな具合だったのか。気づいたことを記録しておいてくださ

127

い。そうすれば、どうすれば最高のコンディションになるかの**具体的なイメージ**が湧くはずです。

Q 飲みすぎた翌日、
早く復活する方法を教えてください。

A 意外と効くのが**軽い運動**です。多少しんどいけれどもヨガをやったり、軽くジョギングしたりして汗をかくと、リフレッシュできます。運動後の水分とミネラル補給もお忘れなく。

Q 睡眠を削ってでも、
朝食をとったほうがいいのでしょうか。
コンディションを整える優先順位は？

A 優先順位のトップは睡眠です。睡眠か食事かという究極の選択で言えば、私は**睡眠**だと思います。だからといって、その**究極の選択を毎日続けるのは避けるべき**です。

Q コンディションと仕事の成果の因果関係を、
もう少し具体的に教えてください。

A 肉体的に調子がいいほうが、頭は冴え、同じ時間の集中力が違います。したがって、**アウトプットの量も質も違って**きます。つまり生産性に差が生まれるのは間違いありません。以前、妻から「調子が悪いときは判断が雑になるから、そういうときに大事な決断をしないほうがいいわよ」と言われたことがあります。意思決定には集中力や胆力が必要で、コンディションが悪く質が低下していると、たしかにいい加減になったり投げやりになったりする傾向があります。**大事なことは、自分のコンディションを把握すること**です。調子が悪いときには仕事は控え目にしてください。その決断が、誤った判断をすることをヘッジしてくれるのです。

| 中級 | 人間関係 | 読み終えたらチェック ☐ |

苦手な人には「惚れ力」を発揮

29

この項目で押さえるべき重要なポイント

働く限り、人間関係から
逃れることはできないので、
苦手な人をなくす努力をすべきである

▼

- 仕事をする限り、**人づき合いを避けて通れない**
- 相手の**良いところを探してそこに惚れる**のが「惚れ力」
- 常に「**惚れ力**」を発揮すれば、人間関係がストレスにならない
- 嫌いな人、**苦手な人にほど「惚れ力」を発揮**すべき
- 欠点が誰にでもあるように、**長所も誰にでもある**
- **欠点は単なる特徴**と記号的にとらえ、長所だけを見るようにする
- 上司の良いところを探してその部分を尊敬すれば、**相手からも好意をもって受け入れてもらえる**

自分の行動をチェックしてみよう

☐ **仕事では人と人とのやりとりが大事だと思っている**
➡ 組織で人と仕事をしている限り、人間関係は避けることができないものであると理解しています

☐ **相手の良いところを探し、そこに惚れるようにしている**
➡ 目につく悪いところばかりを見ていませんか?

☐ **嫌いな部分、苦手な部分は単なる特徴と思って割り切っている**
➡ 自分にも欠点があることを認めると、相手の欠点に対しても寛容になれることを知っています

『入社1年目の教科書』
掲載番号（44）

129

入社1年目の疑問・質問にすべて答えます

Q 「惚れ力」をつけるために、
日々の生活でできることはありませんか？
今はまだ惚れ力がないと自覚しているので……。

A 基本的に、無理やり「好きになれ」といっても、好きになれるものではありません。これは生理的、感情的なものもあるので、あえて切り離し、**頭で好きになろうとする努力**をしてください。一度嫌いモードに入ってしまうと、嫌なところばかり見えてしまうのは生理的、感情的にとらえてしまっているからです。**第三者を巻き込む**のがいいかもしれません。苦手意識のあるＡさんという人がいるとしたら、「Ａさんの良いところについて話し合いましょう」とＢさんに提案するのです。それで良いところを書き出し、「Ａさんにはこのような長所があるのだ」と頭で理解し、インプットするのです。

Q 一度嫌いだと思うと、
同じ場所で息をするのも嫌になります。
そういう人をどうやって好きになればいいのか。
せめて気にせずにいられるための
具体的な方法が知りたいです。

A **パーソナルな話題**を持ち出してみてください。その人にも家族があって、大事にされている。その人にもかわいい赤ちゃん時代があったに違いない。そういうことを想像すれば、これまで見えていた部分とは違う側面が見えてくるかもしれません。その側面を好きにならなくてもいいから、慈悲の心で見てあげるのです。そうすると、**不思議と嫌いなものが許せるようになります**。そもそも人は人を全面的に受け入れられるものではありません。人を多面的にとらえ、そのうちのいくつかを許せるようになれば、人に対する見方は変わります。**「愛する」と同じくらい「許す」という行為も大切**です。

Q 親からも先生からもほめられた記憶がありません。
だからなのか、つい人の悪いところや欠点ばかりに
目がいってしまいます。

A これは**習慣でどうにかできます**。人の悪いところが1つ見えたときに
は、その人の**良いところを3つ探す**ようにしてください。人間は、誰
にでも良いところがあるものです。

Q もともと「相手の良いところ＜相手の悪いところ」
だから苦手になったわけで、
良いところがあることは理解していますが……。

A ものは考えようです。惚れ力を発揮して、すべてをプラスにしろと言
っているわけではありません。今まで気づいていなかった良いところ
を増やし、今までマイナス100だった相手の印象をマイナス30にして
いけたらいいですよね、ということです。相手のことを少しでも「**苦
手じゃなくなる**」努力をしてみましょう。

Q 自分にとってメリットのある人であれば、
嫌いなところも我慢できます。
それほど利害関係のない人にも、
わざわざ我慢して
惚れ力を発揮するべきなのでしょうか？

A 利害関係は考慮に入れないでください。自分が接している人にはすべ
て発揮すべきです。利害関係というのは変わるものです。自分には関
係ないと思っていた人が上司になったり、単なる友達だと思っていた
人と仕事をするようになったりします。利害関係を軸にしてしまうと、
やがて利害関係が変わったときに対処のしようがなくなります。頼み
ごとをするからつき合う、えらくなったからつき合う。用事のあると
きだけのつき合いは、悪い印象を与えかねません。利害ではなく、**接
点がある人には分け隔てなく惚れ力を発揮**してください。

考えてみよう

記入日 _____

> 25　仕事に関係ない人とランチせよ
>
> 26　感動は、ためらわずに伝える
>
> 27　叱られたら意味を見出せ
>
> 28　ビジネスマンはアスリート
>
> 29　苦手な人には「惚れ力」を発揮

■25〜29について、あなたの仕事で具体的にどう活かしますか？

25

26

27

28

29

■ 25～29について、職場などで話し合いましょう。

[話し合いで得た気づき]

中級 | 人間関係

30 同期とはつき合うな

この項目で押さえるべき重要なポイント

同期とのつき合いを軽視するのではなく、
社外のつき合いを
意識的に持つようにする

- 同期の存在は助けにも支えにもなり、刺激にも励みにもなるので、**基本的には大切にしたほうがいい**
- その前提であえて言えば、同期同士で比べることで、劣等感や妬みの感情が湧くことはデメリットになる。逆に優越感に浸ってしまうのも、成長の阻害要因となる
- 同期とは意識しなくても接点が多いので、**意識的に社外の人とつき合う機会を持つ**ようにする
- 社外の人とつき合うことで、**広い視野や見識**を得よう

自分の行動をチェックしてみよう

☐ 同期を大切にしている
　➡ 同期を大切にすることとベタベタすることは違う

☐ 同期だけとつき合うことには、デメリットがあると理解している
　➡ 先輩や上司、他部署の人との交流も大切にしています

☐ 社外の人とのつき合いも積極的に持っている
　➡ 考え方や視野が狭くならないよう、いろいろな人の話を自ら聞きにいくよう心がけています

入社1年目の疑問・質問にすべて答えます

Q 同期の仲がいいので、
ランチも退社後も休日もいつも一緒にいます。
今さら自分だけ距離を置くのも難しいのですが……。

A 楽しいことをわざわざやめる必要はないと思います。ただ、**3回に1回は違う人と行動を共にする**といいでしょう。惰性で同じ集団の中にいると、だんだんと内向きになります。意識して外に出るようにしましょう。

Q 先輩と仲良くしていたら、
同期に「媚を売っている」「裏切り者」と
陰口を叩かれました。
どうすればいいでしょうか。

A 陰口を叩いている同期を一緒に連れて行ってみてはどうでしょうか。巻き込み作戦です。同期でランチに行かなければならないのであれば、そこにゲストとして先輩を呼んでみるという方法もあります。陰口を言われていることなどまったく気づいていないフリをして、気軽に声をかけてみましょう。

Q 同期以外の人となると、
大学時代の友人しか知りません。
それはそれで交友関係が
狭くなってしまう気がします。

A SNSなどのおかげで、さまざまな勉強会や趣味のグループを探しやすい時代になっています。**まずは自分の興味があるところに友人と一緒に行ってみる**のがいいと思います。

Q 同期以外の人とつき合う明確なメリットが
わかりません。もう少し具体的に、
仕事に活かせるメリットが知りたいです。

A 知らないことを知ることができます。自分の会社以外の話を聞くこと
で、何が共通で、何が違って、何が自社の独自性なのかがわかります。
社会で何が起こっているかがわかり、いろいろなアドバイスをもらえ
ます。こんな具合に、**メリットは無数に**あります。

Q 同期も含め、できれば誰ともつき合いたくありません。
仕事以外は1人でいたいタイプなのですが、
こういう人はどうすれば……。

A こういうタイプの人は、**1人でいてもいい**と思います。その代わり、
さまざまな分野の**本を読む**などして、違う形で「社外の人とつき合う」
ことを試みましょう。

Q 逆に、同期とつき合うメリットは
何だと思われますか?

A しいて言えば、年を取ったときにも仲よくできるように、**若いときに
切磋琢磨する**ことでしょうか。それぞれががんばって成長し、違う部
署に散らばったら情報交換する。いずれにしても、毎日ベッタリつき
合う必要はありません。同期とは時代の空気を共にしているので暗黙
の共通点があるもの。だから、**あえてつき合わなくてもいい**のではな
いかという提案です。

Q 同期とつき合うデメリットをわかった上で、
同期とつき合うメリットを優先させては
成長できないのでしょうか?

A 若い頃に同期とだけしかつき合っていないと、どんどん世界が狭くな
り、話題も狭くなります。そこからの成長は難しいでしょう。

しがらみランチ、グチ飲み会を上手に避けるコツ

　ランチをどうやって断るか。誘うよりも悩む案件かもしれません。お誘いを断る方法として、「お誘いを軽くしていく」という方法があります。

　飲み会に誘われたら、「あまり夜は出ないようにしているので、ランチはいかがでしょうか？」とランチを逆提案するのです。

　ランチに誘われたら、「お昼は勉強をしているので、モーニングはいかがでしょうか？」とか「出社前にお茶するのはどうでしょう？」などと逆提案。

　はっきりノーというのが苦手であれば、こんなふうに負担を軽くしていくのも断り方の1つ。相手もなんとなく気持ちを察してくれるはずです。

　ちなみに私がよくおこなうのは、朝の勉強会。朝食を食べながらゲスト講師にレクチャーしてもらったり、仲間とあるテーマについて話し合ったり。朝は頭が冴えているので、勉強会にもってこいです。時間が限られていますので、ダラダラとしません。

　忙しい経営者の友人たちにも、「なんとなく話がしたい」と声をかけるより、「こういうテーマでこういう人たちと情報交換をしませんか」と言えば誘いやすい。そこで出た雑談から新しいビジネスのヒントを得ることも多く、実り多き時間だと思っています。

　断らないですむ一番の処方箋は、誘う側になること。誘う側になれば、「いやいや参加する」という世界から解放されます。せっかくの時間をグチや悪口大会だけで終わらせてしまわないよう、「こんな話がしたい」「こんな相談がしたい」など、誘うときにテーマを投げておくのもいいかもしれません。

　いずれにしても、「限られた自分の時間をどう使いたいか」という視点で、考え、行動することがポイントです。周りに振り回されないためには、自分が旗振り役になること。この積み重ねが、1年後、3年後のあなたを大きく成長させることでしょう。

中級 | 人間関係

31 悩みは関係ない人に相談

> **この項目で押さえるべき重要なポイント**
>
> 無理に自力で解決しようとしない。
> 多様な人の話を参考にする

- 社会人の悩みは、**自力だけでは解決できないものが多い**
- 会社の環境や仕事の内容に慣れてくると、ほとんどの場合、**仕事や人間関係の悩みが出てくる**
- 自力で解決できそうもない悩みを抱えて1人で悩んでも、何の解決策も生まれない。**誰かに相談し、解決の糸口を見つける**
- そのとき、会社や仕事に関係のない「**利害関係のない人**」「**自分とは目線、立場、考え方の違う人**」に相談するといい
- できれば、かつて自分と同じ経験をくぐり抜けてきた**年長者に相談**するのが望ましい

自分の行動をチェックしてみよう

- ☐「解決できない悩み」を抱え込んでいない
  ➡ 自分の力だけではどうにもできないことがあることを知っています
- ☐ 悩みは誰かに相談し、解決の糸口を見つけている
  ➡ 素直に人の力を借りて解決しようとしています
- ☐ 立場や考え方の違う人に相談している
  ➡ いつも同じ人に相談するのではなく、複数の人から、いろいろな角度でアドバイスをもらっています

『入社1年目の教科書』
掲載番号(47)

入社1年目の疑問・質問にすべて答えます

Q 関係ない人であれば、「ヤフー知恵袋」など
匿名のネット掲示板に相談してもいいのでしょうか。

A それも1つの方法です。ただし、企業秘密を暴露しないよう気をつけ
てください。私は経験ありませんが、いい答えが返ってくることもあ
るみたいです。事情を何もわかっていない人のほうが、客観的で的確
なアドバイスをくれることがあるかもしれません。

Q 関係のない人は、
無責任なアドバイスをしそうで心配です。
ちゃんとしたアドバイスをもらえるのは、
どういう人でしょうか?

A アドバイスは、誰が言っても無責任なものです。当事者ではないので
すから当然です。もともと他人事で無責任なもの。そこから自分が何
に気づくか、何にハッとさせられ、どう決断するかだけです。新しい
発見があるかもしれないし、迷いが生じているときに背中を押しても
らえるかもしれません。ただ、「自分が欲しい答え」を確認するだけと
いうスタンスなら、相談しないほうがいいでしょう。

Q 年長者からのアドバイスが役に立ちません。
「俺たちの若い頃は」などと、
時代錯誤もはなはだしい話が出てくることも……。

A 相談する人によっては、時間のムダになってしまいます。自分の成功
体験や失敗体験をフランクに語ることができて、偏った意見を押しつ
けない人に相談しましょう。関係ない人に相談するのがいいと言って
も、誰でもいいというわけではないのです。「ヤフー知恵袋」もそうで
すが、懐が深く、的確なアドバイスをくれる人(意見)を探しましょう。

139

Q メンターを見つけたいのですが、
人脈がなくて適当な人がいません。
どうすれば見つかるのでしょうか?

A 会社の**人事に相談してみましょう**。社外にいればベストですが、入社
1年目であれば社内の関係ない部署の先輩でいいと思います。

Q 女性（男性）ですが、
男性（女性）に悩みを相談するのは、
なんとなく気が引けます。
かといって、同性のアドバイスだけでいいのかも
わかりません。

A 相談や悩みの中身によると思います。おそらく、7、8割の相談は、
性別は関係ないのではないでしょうか。2、3割が、同性のほうがい
いか、むしろ異性のほうがいい内容かもしれません。それは**相談内容
によって使い分けて**ください。男女差も個人差もあるものなので。

| 中級 | オフビジネス | 読み終えたらチェック □ |

何はともあれ貯蓄せよ

32

この項目で押さえるべき重要なポイント

貯蓄はお金の勉強をすることにつながり、
その経験も、
自分へのリターンとして戻ってくる

▼

- 「若いうちは借金をしてでも遊べ。若いときに自己投資することで成長が加速する」。この考えを否定するつもりはないが、**それでも貯蓄することをおすすめする**
- ただし、貯蓄一辺倒になる必要はない。まして老後に備える必要も今はない。**可能な範囲で貯蓄し、そのお金で投資**をしよう
- 貯蓄をすることで、**お金のリテラシーも身につけよう**
- 投資についてわからなければ、投資経験者である会社の先輩や上司に聞けばいい

自分の行動をチェックしてみよう

□ もらった給料をすべて使い切ってはいない
　➡ 給料が少ないから仕方がないと正当化し、給料をすべて使い切っていませんか？

□ 旅行や勉強など、なんらかの目的のために貯蓄しようとしている
　➡ そうした経験が「自己投資」につながると考えています

□ 個人のお金にまつわる勉強をしている
　➡ マネーリテラシーを身につけることは社会人の常識であると心得ています

『入社1年目の教科書』
掲載番号（49）

141

入社1年目の疑問・質問にすべて答えます

Q 上司や先輩がバブル時代の勝ち組です。
「若いうちは貯金なんてするな、遊べ！」と
言われてしまいました。
本当に貯金しなくても生きていけるのでしょうか？

A この考え方は、**ある程度は正しい**と思います。仮にそうだとしても、まったく貯蓄しないのは問題でしょう。少額でもいいから貯金習慣を身につけ、**10万円でも貯めれば何か投資ができるはず**。お金のリテラシーを身につける上でも、ある程度の貯蓄は必要なのです。

Q 結婚相手はいませんが、
今から結婚資金を貯めようと思っています。
社内の人におかしいと言われましたが、
ヘンでしょうか？

A いいと思います。なぜなら、お金に色はないので、**ほかのことにも使える**からです。結婚は一例にすぎなくて、要するに**「未来の出来事に備える」**ということでしょう。結婚資金だと思うと貯蓄のモチベーションが上がるのであれば、それで構いません。

Q 入社した当初は貯金に対して気合が入っていましたが、
飲み会などを重ねるうち、
出費が増えて、貯金が続けられていません。
いいアドバイスをお願いします。

A 貯蓄の前に**「断る力」**を身につけましょう。飲み会の回数と予算を自分で決め、それ以上は断るようにしてください。飲み会は誘われたものすべてに参加しなくてもいいのです。今、英語圏では「FOMO」という言葉が流行っていて、深刻な問題になっています。「Fear Of Missing Out」の略です。日本語にすると「自分がいないところで何

かが起こっているのではないかと気になって仕方がない」という意味で、SNS依存症（取り残されると不安だ）の文脈でも使われます。飲み会に行かないと、取り残された気分になるかもしれません。しかし、そもそも、すべてのことを知ることはできないのですから、そのような考えは捨ててしまいましょう。

Q でも結局、岩瀬さんも貯蓄をせずに
その地位まで来られたわけですよね？
投資に関する知識も、
お金のリテラシーも身につけられた。
それでも貯蓄をすすめる理由がわかりません。

A これは書きにくいのですが、この際ですからお話しします。私は留学するとき、父親にお金を借りています。それが嫌だったから自分で貯めることをおすすめしているのです。私はたまたま借りられたからよかったですが、借りられない人もいると思います。私も借りられなかったら、留学することはできませんでした。そこで可能性がつぶれてしまったかもしれないという怖さから、「ある程度の貯蓄をしましょう」とお話ししているのです。ご自身の可能性を最大化させるため、**チャンスが訪れたときに確実に手にするための「投資」**だと思ってください。

143

考えてみよう

記入日 _____

30　同期とはつき合うな

31　悩みは関係ない人に相談

32　何はともあれ貯蓄せよ

■ 30〜32について、あなたの仕事で具体的にどう活かしますか？

30

31

32

■ 30〜32について、職場などで話し合いましょう。

―――――――――――― ［ 話し合いで得た気づき ］ ――――――――――――

入社1年目から留学を考えるべきか

『入社1年目の教科書』では直接触れることがありませんでしたが、講演会などでよく聞かれる質問ですので、留学についてお話をしたいと思います。

「留学の決断は、できるだけ若いうちにしたほうがいいでしょうか」

この問いに対する答えは「イエス」でもあり「ノー」でもあります。少し説明させてください。

留学で得たものをその後の人生に活かすという意味では、若いうちに留学したほうが効果は高くなる（長く影響する）と考えるのが一般的でしょう。その意味では「イエス」と言えます。

では、若ければ若いほどいいのでしょうか。

実は、私はそうは考えていません。

ある程度、自分の能力を「地ならし」してから行ったほうがいいと考えています。私も社会人を5年ほど経験した後に留学したことで、多くの学びを得ました。そういう観点に立てば、若いうちの留学は「ノー」とも言えるのです。

ビジネスを経験したことのない人がビジネスを勉強しても、得られるものには限界があります。実際にビジネスを経験して課題や疑問を持っている人がビジネスを学べば、肌感覚で腑に落ちることもあるでしょうし、加速度的に学びや気づきが得られます。

ハーバード・ビジネス・スクールに留学したとき、履修する科目についてはそれほど深く考えていませんでした。おぼろげにイメージしていたのは、ファイナンスはそれなりにできるのではないかという自信でした。ボストン コンサルティング グループ（BCG）、リップルウッド・ホールディングスと、会計やファイナンスについては日々の業務で専門的に触れていて、将来はヘッジファンドをやりたいと考えていたので、留学当初はファイナンスの授業を中心にしていこうと考えていました。

授業の内容は難しく、ファイナンスを実際に経験したことのある学生のレベルに合った授業でした。それなりに経験を積んでき

たつもりだった私にとっても歯ごたえのあるもので、多くの学び
と気づきを得ることができました。

　しかし、何か違和感を覚えました。「違う」と感じたのです。

　誤解を恐れずに言えば、自分が知っている分野の授業は、実践
に戻ればすぐに勉強できることです。机上の勉強より、実戦での
勉強に勝るものはありません。

　そこで、考え方を大きく変えることにしました。

　せっかくですから、ここでしか学べないものを学ぼうと思った
のです。ハーバード・ビジネス・スクールを卒業したら、二度と
受けないであろう授業を、あえて選択しようと思ったのです。

　それからは「ビジネス史」「経済学史」「企業の歴史」「リーダー
シップ」などを履修しました。ベンチャービジネスに関する授業
も手あたり次第に取りました（当時はライフネット生命の起業
のきの字も考えていなかった時代です）。さまざまなベンチャー
企業のケーススタディを学ぶ授業は、非常に興味深い時間になり
ました。

　特に「ヘルスケア業界でのベンチャー企業のアントレプレナー
シップ」という授業はお気に入りでした。こうした授業は日本に
はなく、得がたい経験ができたと実感しています。

　最近大学生に言っているのは、「ビジネスプラン・コンテスト」
のような、ありふれたビジネスモデルを真似してもさほど意味は
ないということです。

　大学を卒業したら、おそらく40年以上ビジネスに携わります。
だとしたら、大学生のときにしかできないことを真剣にやったほ
うが、よほど価値があると思います。

　学業でもいいし、旅でもいいし、読書でもいい。語学を身につ
けるのでも、一生の友人をつくるのでもいい。そのときしかでき
ないことは何か。若い人は、そういうことをよく考えながら行動
することが求められているように思います。

中級編
振り返り

記入日 _____

■ ここまでの気づき、学びを書き出しましょう。

■ 実際の仕事で活かせたことを書きましょう。

[上司・先輩・同期、もしくは「1年後の自分」からのアドバイス]

記入日

上級

ここまで
実践できれば
「活躍する新人」
になれる

上級 | 仕事術

33 カバン持ちはチャンスの宝庫

この項目で押さえるべき重要なポイント

「OJT＝その場にいること」でしか
学べないことがある

- カバン持ちは、えらい人の後ろをついていくだけではない。えらい人が**レベルの高い仕事をしている場を観察できるチャンス**なのだ
- **役員会での議論、重要顧客との商談**などは、先輩や上司にお願いして、若いうちから間近で見ておこう
- そこで交わされるやりとり、相手との間合い、できる人の一挙一動と**自分との「差」に気づく**ことが重要である
- 断られても失うものはない。**断られることを恐れてはいけない**
- カバン持ちをどれだけ経験できたかで、**成長度合い**が決まる

自分の行動をチェックしてみよう

☐ 先輩や上司の仕事を間近で観察している
　➡ 質の高い現場を「見ること」で、いち早く成長できます

☐ 日頃から「見学・同行させてください」とお願いしている
　➡ 現場での学びの機会を、積極的に得ようとしていますか？

☐ 先輩や上司の仕事を見て、何かしらの気づきを得ている
　➡ ただ見るだけでも得るものは大きいですが、自分の仕事に具体的に活かせれば、より速く成長できます

入社1年目の疑問・質問にすべて答えます

Q カバンを持つやり方を、
もっと具体的に教えてほしいです。

A 上司のカバンは持たなくていいです（笑）。仕事の基本は研修で学べた
としても、本質はOJTでしか得られないので、基本的には場数を踏む
こと、経験数を増やすことが重要です。具体的には、**上司や先輩に同
行させてもらうことで、その現場を体験する**のです。プレゼンの仕方、
雑談の話題、本題に切り込むタイミング、熱意、クロージングのスキ
ル、商談の締めくくり方。こういったことは、現場に居合わせること
でしか身につけられないものです。

Q 会社の規模が大きすぎて、
えらい人にお願いできません。

A たしかに、社長や役員など、普段会えないような職位の高い人にお願
いするのが理想的です。しかし、できないのであれば、**1つ上の上司、
部長クラスの人にお願いしてみましょう**。必ずしも直属の部長である
必要はありません。「商談の進め方を学びたいので、○○部長に同行さ
せてもらえるようお願いしたいのですが」と、直属の上司に承諾を得
た上で、相談に行きましょう。

Q カバン持ちを希望する同期が多すぎて、
人気上司の順番がなかなか回ってきません。

A かなり意識の高い人が集まった会社なのですね。であれば、**ゆっくり
順番を待ちましょう**。1回の同行で盗めるだけ盗んでしまえばいいの
です。大切なのは、カバン持ちをすることそのものではなく、**多くの
気づきを得ることと、得たことを実行に移すこと**です。

153

Q 直属の部長でもめったに話さないのに、
さらに上の人となんて口をきく機会さえなく、
声をかけるきっかけがつかめないのですが。

A そういうこともあると思います。しかし、**上の人は若者からの積極的なアプローチを求めています**。私は嬉しいですから。こんなふうに提案してみてはどうでしょう。「同期を集めたので、ランチをご一緒していただけませんか」。予定が入っていなければ、断る人はいないと思います。基本的に、**上の人は若い人が好き**なものです。

Q 同期から「アイツ、うまくやろうとしている」
「がっついている」「意識高い系(笑)」と
陰口を言われそうで気が引けます。

A 陰口をたたかれると思ってしまうのは、1人でやろうとするから。**嫌われたくないのであれば、みんなでやればいい**、同期を巻き込んでしまえばいいのです。意識高い系は「知識」だけで行動が伴っていない人のこと。カバン持ちは成長機会を自らつくり出す「行動」そのものです。「社長とランチ会」を提案してみましょう。

カバン持ちは「未来の自分シミュレーション」

　拙著『入社1年目の教科書』の35ページでは、私がリップルウッド・ホールディングスに勤務していたころの話として、当時のCEOのティモシー・コリンズに同行して、日産自動車のカルロス・ゴーンCEOの面会に同席したエピソードを紹介しました。そのため、「カバン持ち」というものがとてつもなく高いハードルで、自分たちとは世界が違うと思ってしまった人も……。

　私がお伝えしたかったのは、「普段は見ることができない上司の現場の姿を見ているだけで、たくさんの学びが得られますよ」ということ。部長や課長の商談について行って、端っこでメモを取りながら聞いているだけでもカバン持ちとしては十分でしょう。感覚としては密着取材と思ってください。

　現在、私はライフネット生命の社長として、かなり年上の方に会いに行ったり、会社の命運を左右するビッグビジネスに関する商談の席に座ったり、言葉では表現できないような修羅場や1対1で言いにくい話をしなければならない場面を頻繁に経験しています。緊張する相手でも、臆することなく振る舞うことができるようになりましたし、厳しい状況でも、余裕をもって雑談をすることもできるようになりました。これは、若いころの「カバン持ち」経験を、自分の血肉とすることができたからだと思います。

　カバン持ちは、「未来の自分シミュレーション」だと考えてください。将来上司になったとき、どんな自分でありたいでしょうか。一度でもイメージしたことのある人と、そうでない人とでは、仮想ながらも「経験値」が異なるでしょう。

　最近の若者は「失敗したくない」というメンタリティが強いと聞きました。カバン持ちは、現場を見ているだけですから、失敗することはありません。将来のシミュレーションをすることで失敗のリスクを限りなく回避することにも役立つので、入社1年目の皆さんにとっては絶好の取り組みだと思います。

上級｜仕事術

34 予習・本番・復習は3対3対3

この項目で押さえるべき重要なポイント

会議や打ち合わせは参加するだけではなく、予習・本番・復習を同比率で重視し、動く

- 仕事の「**予習**」「**本番**」「**復習**」は**同じくらいの比率**でおこなう。かける時間というよりも、向ける意識の比率を同じにする
- 会議前は議題や参加者を確認し、資料を読み込み、不明点を事前に確認するなど、**準備をおこなう**
- 会議本番は参加者の意見をしっかり聞いて**メモ**を取り、何か**発言**できるようにする（できるかぎり発言する）。必要に応じ**議事録**も
- 会議後は**決定事項とTo-Doを確認して実行**に移す
- 予習・復習はほぼゼロになりがちなので、慣れるまでは「**前**」と「**後**」の**行動量を意識して増やす**といい

自分の行動をチェックしてみよう

☐ 仕事は予習・本番・復習が重要であることを意識している
　➡ 会議に限らず、打ち合わせや取引先訪問なども、本番だけが仕事だと誤解し、予習や復習の重要性を軽視していませんか？

☐ 「これから取り組む仕事」のポイントはどこか知っている
　➡ 会議の論点、決定したいことなどを事前に把握していますか？

☐ 決定事項と次に何をするべきかについて、正確に把握している
　➡ 復習（フィードバックとアクション）ができていますか？

『入社1年目の教科書』
掲載番号(7)

入社1年目の疑問・質問にすべて答えます

Q 忙しすぎて「予習」「復習」をする時間がありません。

A **仕事の時間配分を誤っているだけです。** ここでいう比率とは量と質を合わせたものですから、時間だけのことではありません。本番10、予習と復習が0の人は顧客と1時間の約束を取りつけたら、1時間を面会にあてると思います。しかし、「本番3、予習3、復習3」の人は面会時間を40分にし、前の10分で顧客に確認したいことをリストアップ。面会でしっかり確認、面会後10分で要点と次のアポイントのメールを送るなどし、確実に仕事を前に進めています。

Q 予習の大切さはわかりますが、3は多すぎでは？
やりすぎると予断が入ってしまう気がします。

A これまで仕事をしてきて、**予習が多すぎる人に出会ったことがありません。** ほとんどの場合は1対8対1、1対9対0、0対10対0です。本番だけ重視する人が多いので、予習しすぎということはないでしょう。予断について言えば、予習は「その人に聞かなくてもわかる話をつぶしておく」という考え方です。**会っている瞬間を大事にするための方法**と考えてください。

Q 決定事項の確認なんて必要ですか？
かえってムダな仕事のような気がします。

A 多くの人を巻き込んで仕事をすると、どうしても**認識のギャップが出ます。** 決まったことを整理、フォローするのは、ギャップを埋めるためです。顧客の社長が「やりましょう」と言う場合、ある会社では決定事項なのに、ある会社では取締役会にかけるという意味で使われます。微妙にずれていることがあるので、お互いの認識をすり合わせるべきです。ほとんどの仕事は、**認識のすり合わせが必須事項**なのです。

157

上級 | 仕事術　　読み終えたらチェック

35 仕事は根回し

> この項目で押さえるべき重要なポイント
>
> 限られた時間を効率よく使うには、
> 予習と準備がキモである

- 根回しというと言葉の印象は悪いが、**「事前準備」「予習」**という言葉に置き換え、**必須作業**ととらえる
- 根回しには6つの効能がある（①前提情報の共有 ②論点の洗い出し ③初歩的な質問に対する回答 ④思考の整理 ⑤合意形成 ⑥対処可能な反論をつぶす）
- 会議における根回しとは、結論が出ずに時間をムダにしないよう、本当に重要なポイントを真剣に議論するために有効な方法
- 根回しは会議だけでなく、**企画を通す場面でも必須**となる

自分の行動をチェックしてみよう

☐ 根回しは仕事の予習・準備であると認識している
　➡ 根回しを、必要以上にネガティブにとらえていませんか？

☐ 根回しには6つの効能があることを理解している
　➡ 根回しの本当の意味と効果を知っていますか？

☐ 必要な局面において根回しをしている
　➡ 会議の前、企画を通す場面など、事前に相手の求めていることや不明点などを確認しています

『入社1年目の教科書』
掲載番号(15)

入社1年目の疑問・質問にすべて答えます

Q 根回しという言葉から、
どこか「ひきょうなこと」に思えます。

A それは**まったくの誤解**です。みんなで集まる限られた時間を最大限に活用するため、**事前によりよい準備をすること**と考えてください。会議には多くの参加者がいます。その人たち全員の時間を使って、やらなくてもいい基本的な事前説明や、それに対する懸念事項や指摘事項をあぶり出し、その回答の準備をするための作業なのです。会議ではじめて質問を出されて説明しようとしても、資料を用意していなければ十分な回答ができません。すると、同じ議題でもう一度会議を招集しなければならないというムダが生じます。**短い時間で活発な議論をするには、根回しの作業は欠かせない**のです。根回しすることと「工作すること」とは違う点を押さえておきましょう。

Q 根回しは非公式なやりとり。
会社では何でもオープンにしなければいけないのでは？

A 「**事前の説明でいただいた指摘**」として、**すべてを紙に書いて参加者全員に見せれば、オープンになります。**

Q 「何事も直属の上司を通せ」と言われていて、
他の部署の人に根回しできない雰囲気なのですが……。

A 直属の上司に「こういうことを他部署の○○さんに聞いてきます」と一言告げれば問題ないと思います。**直属の上司と一緒に聞きに行ってもいいでしょう。**それであなたの上司が「やるな」と言ったら、やらなければいいのです。結局のところ、仕事をしているのは人間なので、お互いが気持ちよく仕事をしていくためには、お互いの考え方や仕事の進め方に対して配慮をすることが大切。唯一の正解があるわけではないので、それぞれにとって心地よいやり方を見つけていきましょう。

| 上級 | 仕事術 | 読み終えたらチェック ☐ |

36 仕事は盗んで、真似るもの

この項目で押さえるべき重要なポイント

受け身で教えてもらう仕事には
限界がある。本気で成長したければ
能動的に手に入れよう

▼

- ●自分のスタイルを形成するには、**他人の行動や言動を盗み、真似をする**ことが不可欠である
- ●だからこそ**多くの人に会い、さまざまなものを見る機会**が必要になってくる
- ●レポートの書き方、プレゼンでの話し方、人との接し方、日々の生活習慣など、**上司や先輩の仕事ぶりを常に観察する**
- ●自分もそうやりたい、そうでありたいと思ったことは、**まずはその通りに真似をしてみる**
- ●真似した上で、**自分なりにさらなる工夫・改善を加えていく**

自分の行動をチェックしてみよう

☐ 日頃から、先輩や上司の仕事のやり方を観察している
　➡ 仕事は教えてもらうことがすべてではないと知っています

☐ 先輩や上司の仕事を真似している
　➡ 真似をすることが自身の成長のスタート地点であると認識していますか?

☐ そこから気づきや学びを得て、さらなるアレンジを加えている
　➡ 真似から独自のスタイルに変換しようとしています

『入社1年目の教科書』
掲載番号(16)

入社1年目の疑問・質問にすべて答えます

Q いったい何をどう真似すればいいかわかりません。

A 研修で教科書を読んで電話の取り方を学ぶより、オフィスで実際に電
話をしている先輩の横でやりとりを聞くほうが、勉強になるはずです。
まずは「観察」です。たとえば、先輩の営業についていく。受付の人
とどういうやりとりをして、どう部屋に入ってどのように待っている
のか。相手が部屋に入ってきたときにどういうあいさつをして、どの
ように名刺交換をして、アイスブレイクはどんな話をして、どのタイ
ミングで本題を切り出したのか。そして最後に、どのような会話で退
出したのか。座るタイミング、あいさつの仕方、すべてのことを「**完
コピ**」するつもりで**注意深く見る**のです。

Q イチから教えてもらったほうが
早いと思うのですが……。

A これは「両輪」でしょう。座学で基本的なことを体系的に教えてもら
うことを否定はしません。それでも、**OJT（その場にいること）で
見本を見ながら学ぶことが、**もっとも効率よく身につく方法だと思い
ます。

Q 競争意識の強い会社なので、誰も教えようとしないし、
盗み見ることもできない雰囲気なのですが。

A そういう風土の会社であれば仕方がないかもしれません。同行するこ
とも許されないのであれば見ることができないので、真似をすること
も不可能です。現場のことはとりあえずおいておいてください。ただし、
同じ課、同じ部の先輩が参加する会議があります。そこでのプレゼン
をはじめ、電話のやりとり、コピー機に置いたままの書類を渡す瞬間
など、盗み見るチャンスはあるはず。むしろ**少ない機会で観察する技
術を磨き、**そこから気づきを得ようとする力を養っていけば、あなた

161

の吸収力はグンと高まっていくでしょう。人の優れたところを見つけるのが上手な人は、成長が速い。私はそう認識しています。**名探偵になったつもりで取り組んでみてください。**

Q 優秀な人の仕事を見ても、
とても自分にはできないと尻込みしてしまいます。

A **誰もが最初は新人でした。**今、優秀といわれている人も、最初から仕事ができたわけではありません。本気でやれば、誰でもできるようになります。サッカーの本田圭佑さんが「同じ人間だから、メッシにできて俺にできないことはないと思う。差があるとしたら練習の差だけだ」と言っていましたが、その通りだと思います。そもそも同じ会社にいる人ですから、次元が違うほど飛び抜けているわけではないはず。すぐに追いつけると思います。あなたが尻込みしたということは、**優秀な人と今の時点での自分との間に「差」があることに気づいたということでもあります。**これは重要なポイント。その「差」を見つけて、ギャップを埋めていけばいいのです。

Q 誰を真似するのが正解なのか。
まだ入社したてで、
誰をロールモデルにすればいいかわかりません。

A 選べるほど観察する機会に恵まれているのであれば、**いろいろなタイプの人を見る**ことをおすすめします。若くて優秀な人のみならず、役職者の仕事ぶりも見たほうがいいでしょう。自分がいいと思った仕事ぶりを真似し、その積み重ねで自分のスタイルを形成してください。

外資系でも出世するのはこんな人

　直属の上司が無能で、真似をするところがなくて困っているという話を聞きます。しかし、すでにお話しした通り、上司という役職に就いているからには、どこかに優れた点があるはずです。すべてがダメな人はいません。また、直属の上司だけを真似する必要もありません。人の優れたところを探す感性を磨き、それを組み合わせて自分なりのプレースタイルを構築すればいいのです。

　私の経験でも、似たようなことがありました。コンサルタント時代、社内にある2人の人がいました。1人は、あまり「キレ」がないけれども、ものすごく優しいAさん。一方、性格的にはひとくせあるものの、頭脳明晰で「キレキレ」のBさん。この2人を比べると、キレがないAさんのほうが先に昇進しているのです。理由は、Aさんは顧客から仕事を依頼されることが多かったから。反対にキレキレのBさんは人気がなかったのです。

　Aさんは切れ味鋭い戦略を提案するわけではありませんが、非常に面倒見がよく柔らかな物腰なので、顧客にとっては相談しやすかったのでしょう。戦略コンサルタントというロジックと成果の権化のような世界でさえ、面倒見がいい人のところに仕事が集まり、信頼と評価が高まるのです。これは非常に興味深い発見でした。

　人の優れたところを探すことは、成長するにあたって大きな意味があると思います。会社にいるエースは1人だけではなく、エースだけが会社を背負っているわけでもありません。攻撃的な人もいれば、守備的な人もいる。いろいろな役割の人が集まっているからこそ、組織が機能するのです。若いうちは、どうしても目立つ人、キレキレな人に目を奪われる傾向があります。その意識を捨て、さまざまなタイプの人に目を向け、それぞれの優れたところを見つけては盗み、真似をしていってください。

考えてみよう

記入日

33　カバン持ちはチャンスの宝庫

34　予習・本番・復習は３対３対３

35　仕事は根回し

36　仕事は盗んで、真似るもの

■ 33〜36について、あなたの仕事で具体的にどう活かしますか？

33

34

35

36

■ 33〜36について、職場などで話し合いましょう。

[話し合いで得た気づき]

上級 | 仕事術

37 情報は原典に当たれ

この項目で押さえるべき重要なポイント

巷にあふれる情報に踊らされることなく、
信頼できるものに自らたどりつけるか

▼

- 情報は**見せ方によって姿や意味を変えてしまう**
- 情報発信者は、意図をもって情報を**取捨選択し、加工している**
- メディアの報道、記者会見、SNSで流れてくる情報などを無条件に信用することは避け、**原典にあたるクセをつけよう**
- 社内の噂話も同様。**いたずらに信じない**よう気をつけよう
- もっとも効率的な情報収集は、かつて同じテーマについて情報収集した人のリストを参考にすること。それが「**参考文献**」
- 同業他社やライバル企業でも、**頼み方さえ誤らなければ情報提供してくれることも**ある。はじめからあきらめてはいけない

自分の行動をチェックしてみよう

- ☐ 情報を無条件に信じない
  → 本当にそうか、どんな意図があるのか、加工されていないか、すべてを鵜呑みにせず、あえて疑ってみるようにしています
- ☐ 情報の原典にたどりつこうとしている
  → データ元や参考文献なども調べています
- ☐ 原典にたどりつく方法を知っていて、実践している
  → 書籍、紙の資料、ネットなど、どのようにすれば正確な情報に当たれるのかを知っています

入社1年目の疑問・質問にすべて答えます

Q ソースがあやふやな
ネットの切り貼りのような情報の場合、
どのように調べればたどりつけるのでしょうか。

A しっかりとした情報は、検索をかければ、なんらかのオフィシャルな情報にたどりつくはずです。アップルの創業者、故スティーブ・ジョブズの「俺はカネをたくさん稼いだけど、人生の幸せを得られなかった」という言葉が流布していますが、**検索しても出典が出てきません。これはデマである可能性が非常に高い**。SNSなどで流れる切り貼りのような情報も、自分の参考にするだけであれば見てもいいと思いますが、対外的に使う場合は、必ずネタ元をたどっておかなければなりません。

Q どうやら原典は英語で書かれているようです。
何が何やら……。

A これはがんばって読むしかありません。ただ、最近は**翻訳ソフトの精度が高いので、正確ではないにしても大まかな意味はわかる**と思います。そのうち、語学が大きな壁ではなくなる時代がやって来るのではないでしょうか。これからは、むしろそういう技術を使いこなす力が大事になってくると思います。

Q 原典に当たったら、分厚い本でした。
やっぱりすべてに目を通したほうが
いいのでしょうか?

A 斜め読みでいいと思います。普通の人は1000ページにわたる分厚い本を目の前にすると、気力が萎えるものです。しかし、こういうものに**気後れしない強さは大事**だと思います。読んでみると意外と読めるものですし、**関心のあるところだけでも十分**です。

167

Q 原典が難解すぎます。
そこで「漫画でわかる〜」「図解〜」のような本で、
手軽に理解してしまうのはダメですか？

A いいと思います。これはファクトをどのような手段で理解するかという話です。何かを理解するときに、**こういうものを使っても構わない**と思います。ただし、数字や誰の発言かなどは、原典を参照して確認しておかないと、先ほどのスティーブ・ジョブズのようなことになってしまいますので、ご注意を。

Q いわゆる事情通のような人を
つかまえるだけではいけませんか？

A これもいいと思います。全体像をつかむ、ポイントをとらえるだけであれば、**事情通に頼るのもいいでしょう。**ただ「こういう詳しい人が言っていました」では通用しません。たとえば「政府高官が言っていること」と「西麻布で飲んでいる人が言っていること」では、情報の信憑性が違います。このように、すべての情報はバイアスがかかっているので、**出所とセットで考えなければなりません。**

Q 最近は安易に情報を出してくれない気がします。
情報を引き出すコミュニケーション術を教えてください。

A ポイントは、**こちらがたくさん出すことです。**競合他社と話すときは、こちらが先に言うと相手も言ってくれます。こちらが言わなければ、向こうも言わないものです。

Q 人から情報をもらうと、お返しをしなければ
ならないのでは。そういうのは面倒くさいし、
お返しをするほどの情報がありません。

A **お返しをするのは当たり前です。**ただ、お返しが情報である必要はありません。会ってていねいにお礼をするだけでいい。むしろ情報には

情報のお返しというのは、少しいやらしい感じがします。

Q 社内の噂話やゴシップで
気をつけるべきことはありますか？

A 人の評価は参考にはしても、最終的には自分の目と耳で得たものを信じましょう。**噂やゴシップは話半分で聞き、それに対する意見は言わない。自分から拡散しない**というのも鉄則です。

| 上級 | 社会人の勉強法 | 読み終えたらチェック☐ |

38 まずは英語を「読める」ようになれ

この項目で押さえるべき重要なポイント

**書けなくても話せなくてもいいから、
「速く読む能力」だけは急ピッチで身につける**

▼

- 世界に存在する英語の情報量は、**日本語よりはるかに多い**
- 会話ができなくても書けなくてもいいから、まずは**速く読めるようになること**
- 語学力の向上は、**勉強にかけた時間に比例する**。とにかく時間をかけて、続ける
- ラジオやスクールなど、**続けるためのペースメーカーをつくる**
- ビジネス英語は、文脈さえわかれば**8、9割は想像することで理解できる**
- 会話は、英語が母語ではない者同士で議論ができれば十分と割り切る。**中学2年レベルの英語力で問題ない**

自分の行動をチェックしてみよう

☐ **英語はビジネスパーソンの必須スキルだと理解している**
　➡ 英語ができなくても何とかなると思っていませんか？

☐ **英語を使う場面を意図的に作っている**
　➡ 英語を避けようとせずに、使う場面を意識的に設けています

☐ **英語を勉強する時間を確保している**
　➡ 生活の一部として英語を学ぶ時間を確保しています

『入社1年目の教科書』
掲載番号(22)

入社1年目の疑問・質問にすべて答えます

Q 仕事で英語を使うことがありません。まずは目の前の
仕事を覚えることのほうが先決ではないでしょうか?

A 優先順位としては、**目の前の仕事を覚えるほうが先**です。その考え方
に間違いはありません。ただ、もう少し仕事がレベルアップしていくと、
さまざまな分野において世界で何が起こっているか、海外の先進的な
事例にはどのようなものがあるかを知ることが有利に働きます。それ
を調べるときに、本でもインターネットでも、日本語で読める情報量
に比べて、**英語の情報量ははるかに多い**のです。直接英語を使って仕
事はしていなくても、情報収集の幅を広げる意味で、勉強してほしい
のです。

Q 日本生まれ、日本育ちの非ネイティブ人間が、英語を
速く読んで話すにはどうすればいいのでしょうか?

A **読めるようになるには「量」しかありません。**最近、私が読んでいて
ラクだと思うのが**電子書籍リーダーを使った読書**です。それは、わか
らない言葉を触ると辞書が出てくるからです。辞書を引く手間を省い
てどんどん読み進めていけるので、量は稼げると思います。得意な分
野や、すでに理解していることを英語で読むと、英語がわからなくて
も想像できます。そういうところでも量を稼げます。話すときは、難
しい構文を使う必要はありません。むしろ、**明確な意見を持っている
ことのほうが大事**です。最低限の語学能力を身につけた上で、言いた
いことを明確に持つことを考えてください。

Q 英語が苦手。
苦手意識をなくすアイデアを教えてください。

A 簡単なことではありませんが、やはり**外国人や英語ができる日本人と
友達になる**のがいいでしょう。努力してもつくれるものではないかも

171

しれませんが、普段から気楽に話せるのは大きいと思います。

Q 英語を使う場面もなく、英語を習得する動機づけもなく、
必要に迫られてもいません。
それでも英語を読めるようにする意義を、
どこに見出せばいいのでしょうか？

A そこまで必要ないのであれば、**当面はやらなくてもいい**と思います。
ただし、今置かれている状況で、「もし自分が英語を読めたり話せたり
したら、どんなふうに仕事の可能性が広がるだろう」と、考えてみて
ください。成長機会やチャンスが増えそう、海外からお客さまが来た
らいろいろ案内できそう、海外市場の開拓もできそうなど、**よりワク
ワクするような可能性を感じる**のであれば、すぐにはじめても損はな
いと思います。

Q 中学2年レベルとか、
英語はそんなに簡単なものでしょうか？

A 疑いたくなるのもわかりますが、**本当にそうなのです**。中学2年レベ
ルというのは、文法のことです。単語はそれぞれの分野によって覚え
なければならないと思いますが、**文法は基本さえ押さえていれば伝わ
りますので**、正確ではなくても問題ありません。

Q 自動翻訳機の技術が向上しても、
英語を学ぶ意味はありますか？

A たしかに、昔より英語は必要なくなったと言えるかもしれません。む
しろ、自動翻訳機をうまく使えばいい。単語を覚えていなくても自動
翻訳機がアシストしてくれるからです。ただ、自動翻訳機も完璧では
ないし、そもそも行間を読むことはできません。**基礎の基礎だけはマ
スターしておいたほうが役に立つ**と思います。その部分がゼロの人は、
自動翻訳機を持ってもゼロにしかなりません。でも基礎をマスターし
た人にとっては、自動翻訳機は強力な武器になると思います。

私が英語版 Financial Times を読む理由

　私は普段から英語で情報を得ることを習慣にしています。FT紙を定期購読し、Webでも読んでいます。

　日本の新聞と違って、たとえば「アルゼンチンが100年債を発行」というニュースだけで20ページくらいのボリュームがありますので、1つのニュースを全体像や仕組みまで、深く理解することができるのが特徴です。

　このように、常に英語で情報収集していることで、圧倒的に有利だと感じる場面があります。

　まず、雑談のネタに事欠かない。多様な分野の経営者同士で話をする際にも、「海外ではこんなビジネスが始まったそうです」とか「あの国ではこのような法改正があるみたいですね」などと、最新ニュースをお伝えできます。相手がまだちょっと知らないような話ができるのは大きなメリットです。その方が年上だったりすると、こちらから話しかけるきっかけにもなります。

　また、海外の企業がどういう規模でどういう会社なのかを知る上でも、英語の情報は重要です。

　先日も、ある勢いのある中国企業の人が会いたいと言っているという話があったのですが、会社名を聞いてFTに「いろいろな企業を買収しているが、どうも会計があやしい」といったことが書かれていたことを思い出したのです（結局は、面会することはありませんでしたが）。

　ものすごく努力をしているわけではなく、毎日ほんの数分、FTの記事に目を通しているだけのことです。ですが、その数分で得ているものは、時間以上のものがあると感じています。

上級 | 社会人の勉強法

39 目の前だけでなく、全体像を見て、つなげよ

この項目で押さえるべき重要なポイント

飛躍的に成長し、企業価値を
高める人材として、ミクロだけでなく
マクロの視点も持っているか

▼

- 大事なことは、**目の前の仕事と全体像を関連づける**こと
- 自社がどのような状況にあるのか、手始めに自分の**会社の財務諸表**を読み込んでみる。どのように資金を調達し、それがどのように投資され、どのような形で還元されているのかを理解しよう
- **業界全体**がどのように動いているかを把握する
- 部長、役員、社長の**目線の違いを意識して顧客と話す**
- 全体像を見られる人と話をすることで、**マクロでものを見る力**をつける

自分の行動をチェックしてみよう

☐ 自分の会社の財務諸表を見ることがある
　➡ 自社の置かれている状況を把握しています

☐ 全体像の中で、自分が貢献できることを考えている
　➡ 自分も全体の中の一部であることを意識しています

☐ 全体像を見る目を養う機会を積極的に作っている
　➡ 業界や日本の発展に貢献できるよう、自社の役員や社長、社外の経営者などともコミュニケーションを取っています

『入社1年目の教科書』
掲載番号(23)

入社1年目の疑問・質問にすべて答えます

Q 財務諸表は「○○率」の分析で
全体像が把握できますか？

A ある程度はできます。内部での比較、たとえば**売り上げとの比較**、**資産との比較**などで全体像がわかります。そして、**過去との比較**、**同業他社との比較**で、さらに詳しく見ることができます。

Q 企業価値を高める人間になるには、
経営者目線を持つこと以外に何かありますか？
新人でも企業価値を高められる人と
そうでない人がいるのでしょうか？

A 企業価値を高める人材は、**会社の長期的な発展に貢献します**。経営者目線を持つこともそうかもしれませんが、新しい商品やサービスを生み出したり、新人でも斬新な切り口の取り組みを考えたり。それが多くの顧客に受け入れられれば、企業価値は高まります。ただ、どうすれば企業価値が高まるかを知らないと、意識してそうすることはできません。だからこそ全体像を見ることが大切になってくるのです。

Q マクロの視点を得るための
効果的な方法を教えてください。

A **自分の仕事に関連のあることでいいと思います**。過去をさかのぼること、同じ時期の海外の状況を見ることで、新たな視点を持てるのではないでしょうか。ライフネット生命元会長の出口治明の請け売りですが。

Q 将来、起業を考えています。
今は組織にいますが、経営者目線を
どうやって身につければいいか知りたいです。

A ひとまず起業のことは横においておいて、とにかく**必死になって今の**

仕事に取り組んでください。そこで結果を出して、人から信頼されれば次のチャンスが来ると思います。そもそも、起業と組織で働くことを別物ととらえるのはおかしいと思います。人を動かし、おカネを引っ張ってきて、モノ（サービス）をつくり、たくさんの人に知ってもらって買ってもらう。**このビジネスの本質は、起業しようが組織にいようが変わりありません**。

> **Q** 目の前の「ミクロ」を習得するので精いっぱいです。
> 入社1年目でも、
> マクロに広げることは必要でしょうか。

A 絶対というわけではありません。**まずはミクロだけを必死に身につけてください**。ただ、目の前のことだけを見ていると、どうしても視野が狭くなります。どこかで、目の前の仕事の大きな意味を見る機会があるといいでしょう。最初から会社全体を見ようとしなくてもいいかもしれません。まずは課、次に部、そして本部、最終的に会社全体という具合に、**年次が上がるにつれて視点を上げていく**のです。そうすることで、より質の高い仕事ができるはずです。

上級 | 社会人の勉強法　　読み終えたらチェック ☐

世界史ではなく、塩の歴史を勉強せよ

40

この項目で押さえるべき重要なポイント

入社1年目は、一般的な教養を
獲得する勉強より、ビジネスの現場で
役立つ学びを得るほうが重要だ

▼

- 実際の**ビジネスの現場で役立つ学び**を得ることが重要である
- 世界史を広く浅く学ぶより、たとえば**「塩の歴史」を深く掘り下げる**ことで、金融・経済・貿易を学べる
- 英語を広く浅く学ぶより、たとえば**「保険の英語」を深く掘り下げる**ことで、金融・経済・法律・数学・日常会話を学べる
- 社会人の勉強は、**テーマを絞って深く掘り下げる**ことで**逆に知識の幅が広くなる**こともある

自分の行動をチェックしてみよう

☐ 仕事に役立つ勉強をしている
　➡ ビジネス書や自己啓発書を読むこともありますが、それ以外でもアウトプットの質を高める勉強をしています

☐ 自分なりのテーマを設定して勉強している
　➡ 思いついたこと、世間で流行っていることなどを手当たり次第に勉強していませんか？

☐ 勉強で得たことを、仕事の現場で活かしている
　➡ 勉強したことと、仕事をすることが、まったく異なる次元になっていませんか？

『入社1年目の教科書』
掲載番号(24)

入社1年目の疑問・質問にすべて答えます

Q 焦点を絞った勉強をということはわかりましたが、
そうなると、どんどんマニアックになっていきませんか？

A 勉強するときにテーマを持ってやると、そのテーマに付随していろい
ろな知識がくっついてきます。塩の歴史で言うと、塩を通じて社会が
どのように動いてきたか、経済の構造がどのように変化したか、貯蔵
ができるようになって料理がどう変わったか、同じく貿易がどう変わ
ったかなど、**枝葉が広がっていきます**。マニアックということとは少
し観点が違うと思います。

Q 業界1位の会社の歴史を学ぶことに意味はありますか？

A **大いにあります**。生命保険業界で言うと、日本生命の社史を読むと非
常に興味深いです。第一生命がどのように誕生したのか、日本の生命
保険のルーツである明治生命はどうやって保険を定着させたのかなど、
参考になることがたくさん学べます。

Q 個人的に興味があっても、
仕事には直接関係なさそうな勉強は無意味ですか？

A もはや、**意味があるとかないとか言うこと自体が無意味**なので、個人
的に興味があるなら勉強してください。仕事に役立つかどうかは考え
なくていいと思います。本当に関係ないことばかりやっていたいので
あれば、趣味の世界でやってください。とはいえ、時間には限りがあ
ります。

Q 業界ごと、職種ごとに
「こんなテーマの勉強をするといい。
そうするとこんなに役立つ学びが得られる」
というアドバイスをいただけませんか？

A 残念ながら、そこまで博識ではありません。私に聞くより、その業界のプロである**先輩や上司に相談してください**。まずは「○○さんが22歳だったら、どのような勉強をしますか？」と聞いてみましょう。おそらく、なんらかのアドバイスが返ってくると思います。

Q どこまで掘り下げれば学びが得られますか？

A 学びは「**気づく力**」なので、掘り下げなくても得られると思います。ただ、自分だけでやっていると学びの範囲が固定されてしまうので、**先輩と一緒に何かやる**のがいいかもしれません。たとえば先輩と一緒に講演を聞きに行き、自分が得た学びと先輩が得た学びをシェアするのです。先輩とはレベルが違うので、2種類のレイヤーの学びを得ることができると思います。本を読むときも、世代の違う何人かで読んで、それぞれが感じたことを発表し合う読書会を開いてみては。同じような効果が得られるのではないでしょうか。

上級 | 社会人の勉強法　　読み終えたらチェック

41　脳に負荷をかけよ

この項目で押さえるべき重要なポイント

脳に負荷をかける勉強をすることで、
困難な状況のときに
自分の頭で考える力をつける

▼

- 受験勉強、筋トレと同じように、**脳は負荷をかけないと活性化しない**
- よほど意識しない限り、社会人になると、**頭が擦り切れるほど物事を考えるという**場面がなくなっていく
- 受験勉強時代の「難しくて問題が解けない」「量が多すぎてなかなか暗記できない」という**苦しい体験を思い出そう**
- **「心地悪い」状態で、必死に取り組む**ことで脳に負荷をかける
- ビジネス書は、読んで深く理解し、どのようにすれば自分のビジネスに活かすことができるのか**徹底的に考え抜く**

自分の行動をチェックしてみよう

☐ 社会人になっても、脳に負荷をかけて勉強している
　➡ 苦しい勉強は受験勉強で終わりだと思っていませんか？

☐ 難解な本や難しい資格にチャレンジしている
　➡「読みやすい」「わかりやすい」は脳に負荷がかかっていないので、あえて難しいものに挑戦しています

☐ 得た知識をビジネスに活かそうとしている
　➡ どうすれば自分のビジネスに活かせるのかを、考え抜いています

『入社1年目の教科書』
掲載番号（26）

入社1年目の疑問・質問にすべて答えます

Q 難解な本を読んで負荷をかけるとき、やはり仕事に関連する本のほうが適しているのでしょうか？

A **どちらでも構いません**。ただ、まったく関係のない分野の難しい本を読むより、関連しているほうが**継続**という意味でプラスに働くと思います。

Q 脳に負荷をかけるものは、読書以外に何がありますか？

A 読書が最適ですが、それ以外であれば**熟考すること、書くこと**でしょうか。これらは、頭の中を整理することにもつながります。

Q 大量のエクセル処理やプログラミング作業は、脳に負荷をかけたことにはなりませんか？

A **プログラミングは、脳に負荷をかけることにほかなりません**。あらゆる可能性を深く考えるからです。プログラマーは、珍しく大人になっても脳に負荷をかけ続ける職業と言えると思います。**エクセル処理も**そう。おそらく皆さんが想像している以上の複雑なエクセル処理をしている人たちがいますが、それらは大きな負荷がかかると思います。

Q 書籍『入社1年目の教科書』で岩瀬さんがおすすめしていた、ケインズの『雇用・利子および貨幣の一般理論』に挑戦しようとしましたが、冒頭から「スタグフレーション」「マーシャル」など聞いたことのない単語が出てきて、歯が立ちませんでした。

A 素晴らしい試みですね。この本は、**最後の章から読むとわかりやすく**なります。最後の章は全体のまとめの内容で、比較的簡単です。そこで全体像をつかんだうえで、難解な各章に挑戦してみてください。最初から読むより頭に入ってくると思います。

Q 接客業でも経済学の本にチャレンジすべきですか？

A 読まなくても支障はありません。むしろ、**同じ難解な本でもサービスに関する専門書**を読んだほうが、仕事に役立ちます。おもてなしの歴史、フランスの宮廷が来賓に提供する食事の本など、切り口を接客に絞り、自分の読む力からストレッチする（少し背伸びする）ようなレベルの本を読んでみてください。

**留学は
フィットネスジムに似ている**

「留学するなら、やはりハーバードでしょうか？」

これは若い人からよくいただく質問です。この質問にはこんな答えを用意しています。

「ハーバードに留学することは、最高のマシンを完備していて、最高のインストラクターが集まっているフィットネスジムに入会するようなものです」

そもそも、フィットネスジムは入会しても通わなければ意味はありません。通っても負荷の軽いマシンでやった気になっているだけでは、筋力はアップしません。高いお金を払って無理に入会する必要はないでしょう。

フィットネスジムに入会しなくても、いくらでも体を鍛える方法はあります。皇居の周りを走り込み、家で自分なりの筋力トレーニングのメニューに取り組めば、引き締まった健康な肉体を手に入れることはいくらでもできます。

フィットネスジムに入会することの意味は、そこに行くことによって最先端のマシンにアクセスでき、最先端の理論を持ったインストラクターに教えてもらうことで、自分の能力を引き出しやすくなるということです。留学は、それと同じなのです。

ハーバード・ビジネス・スクールには、世界最高峰の教授陣がいて、世界でも最先端の理論と学びの機会が用意されています。ハーバードに留学しなくても能力の高い立派なビジネスパーソンは数え切れないほど存在しますが、ハーバードに入れば最高の環境で学ぶことができ、自分の能力を伸ばすことができるのも事実です。

私が在籍したクラスには、私と同じ26歳のビジネスパーソンがいました。飛び級で大学を卒業したばかりの21歳の女性もいれば、医師として患者に向き合ってきた34歳の男性もいました。仮にこの3人だけで考えても、学びはそれぞれまったく違うはずです。

同じところで学んでいても、留学は義務教育のように「与えられる」ものではありません。それぞれが自分なりに考えて学び、昨日までの自分を超えるために勉強に取り組むところなのです。

　出発点もゴールも、人それぞれで構いません。いかに活用するかということが大事なのです。そういう意味で、ハーバードに留学することはフィットネスジムに入会することと似ていると感じたのです。いわば「会員証をもらったような」感じです。

　日本人でハーバードに留学する人の中には、企業の費用で派遣されたため、勉強はろくにしないで遊び倒して帰る人がいました。その人たちにとっては「留学した」（会員証をもらった）という事実が意味を持ち、学んだ内容に意味はないのかもしれません。

　彼らに比べると、私は2年の間に最高のマシンと最高のインストラクターを最大限に利用し尽くしたという自負があります。そのアウトプットとして、多くの投資家と出会うことができ、起業に結びつき、こうして本を書いています。

　もう1つよくあるのが「ハーバードとスタンフォードで悩んでいるんですけど、どちらがいいですか」という相談です。おそらく彼らは、トレードオフの関係にあるコストとリターンを考え、どちらが留学する価値があるのかを聞きたがっているのです。

　本音は「両方受かってから考えればいい」ですが、"It's up to you."あなた次第ということです。

　留学するもしないも、どこに留学するかも、すべては素晴らしい機会を有効に使えるかどうかなのです。

考えてみよう

記入日

37 情報は原典に当たれ

38 まずは英語を「読める」ようになれ

39 目の前だけでなく、全体像を見て、つなげよ

40 世界史ではなく、塩の歴史を勉強せよ

41 脳に負荷をかけよ

■ 37〜41について、あなたの仕事で具体的にどう活かしますか?

37

38

39

40

41

■ 37〜41について、職場などで話し合いましょう。

[話し合いで得た気づき]

上級 | **社会人の勉強法**　読み終えたらチェック

42 自分にとって都合のいい先生を探せ

>
> **この項目で押さえるべき重要なポイント**
>
> 成長するための勉強は継続がすべて。
> 心地よいペースメーカーが力を引き出す

▼

- 勉強を**続けないと**人は変われないもの
- 継続には**ペースメーカーが**必要
- ペースメーカーの決め手は**先生**と**仲間**。継続することを第一に考え、ベストのペースメーカーを見つけよう
- 大人の勉強と学生の勉強の違いは、**教科書と先生を選べる**こと
- 教科書がわかりにくければ、**わかりやすいものに替えていい**
- 先生もしかり。自身の**モチベーションにつながる**人を選ぼう
- セミナーをペースメーカーにしてもいいが、セミナーに行っただけで仕事ができるようにはならない。**本人の努力**が最大の鍵

自分の行動をチェックしてみよう

☐ **勉強にかけた金額と学びの質は一致しないと理解している**
　➡ セミナーなど高額なお金さえかければ多くの学びが得られるわけではないと知っています

☐ **社会人としての勉強を継続している**
　➡ 続けることでしか自分を変えることはできないと心得ています

☐ **自分をやる気にさせてくれる「先生」を見つけようとしている**
　➡ やる気にさせてくれる「先生」を探していますか?

『入社1年目の教科書』
掲載番号(27)

入社1年目の疑問・質問にすべて答えます

Q セミナー参加は意味がないのでしょうか。
私には心地よいのですが、セミナー講師は
「先生（ペースメーカー）」にはなりませんか？

A セミナーを否定するつもりはありません。ただ、コストパフォーマンスに難があるとは思います。誰かの話を座って数時間聞いただけで、大きな学びが得られるほど簡単なものではありません。ワークショップ形式のものも同じです。その場ではいい経験ができたとしても、**普段の生活で学びを活かし続けていなければ、その場限りのものになってしまいます**。ビジネス書を1冊読むこともそう。私は数カ所の学びが得られれば御の字だと思って読んでいます。本当の学びは、汗をかいて努力をしなければ身につきません。**わかりやすくお手軽なものは、それなりの学びしか得られないでしょう。**

Q 心地よいペースメーカーとは、どのようなレベルですか。
自分にとって心地よいと、負荷がかからない気がします。

A その通りですが、負荷をかける以前に、まずは**継続できなければ話になりません**。読書であれば、自分にとって主張がしっくりくる著者、説明の仕方がわかりやすい著者、読みやすい文体の著者を何人か探し当てることが先決です。簡単＝読みやすいとは限りません。著者の文体が好きだ、といったことも本選びのポイントになってくるでしょう。**気持ちよく続けることは、負荷をかける段階に進むためにも重要です。**負荷をかけて得た学びを100とすると、心地よく続けることで得た学びは30ぐらいでしょう。30より100の学びを得たほうがいいに決まっていますが、ゼロよりも30のほうがいいこともまた真実です。まずは長く続けることで30の学びを得ることを目指し、それに慣れたら徐々に負荷をかけ、最終的に100の学びを目指してください。私は、勉強を継続しさえすれば必ず成長すると確信しています。それでも惰性に

なったら成長は止まるので、その段階から少しずつ負荷をかけていけばいいのではないでしょうか。

Q 心地よいペースメーカーというものを、もう少し具体的に教えていただけませんか。
参加者の仲がいい勉強会、
美人やイケメンの先生がいる英会話スクールなども、
「心地よい」に含まれるのでしょうか?

A その通りです。仮に動機が不純だったとしても、**目的さえ達成できればいい**と思います。先生が好きでもいいし、仲間が楽しいでもいいし、勉強会で出るごはんがおいしいでもいいのです。

お金をかければ続けられるという人もいますが、それは短期決戦に向いているものです。お金によるインセンティブは、一時的にしか続きません。**お金は心地よいペースメーカーにはなりえません。**継続することを考えると、お金には限界があります。それよりも、**気の合う仲間や相性のいい先生を見つけるほうが大事**です。

Q 1人で勉強しているので、ペースメーカーがいません。
会社の上司や先輩からは「自分磨きをしているヒマがあったら、仕事してくれよ」と言われそうなので、相談できません。

A 会社にいなくても、ペースメーカーは**どこかにいる**はずです。友人でもいいし、今はインターネットにさまざまなコミュニティがあるので、同じような興味や関心を持つ人を探すのは、それほど難しいことではありません。同じ目標を持った仲間とチャットで励まし合いながら三日坊主を防止するアプリなどもあります。ペースメーカーが自分に合うか合わないかは、いろいろ試しながら探してみてください。上司や先輩だと気が引けるのであれば、**同期に声かけをするのも手です。**仕事に関係する勉強であれば、誘いやすいかもしれません。

社内勉強会の「お弁当選び」にこだわる

　ペースメーカーというと「人」を想像するかもしれませんが、自分にとって気持ちよく続けられるための伴走者とかご褒美などを想像してみると、アイデアは広がると思います。

　ライフネット生命では、部長以上が参加する社内勉強会を定期的に開催しています。勉強会ではサンドイッチやお弁当を出していますが、「実はお弁当が楽しみ」という人もいて、それで勉強が継続できるのであればと、毎回お弁当選びにも気合が入ります。

　私はランニングをするときに、目的地をパン屋さんとかカフェとか、一度行ってみたいと思っていた立ち食いソバ屋さんなどに設定しています。要するにご褒美を決めているのです。ストイックに走れればいいのですが、ちょっとした楽しみがないと続かないので、小さなお楽しみを入れているのです。

　自分にとって心地よいペースメーカーは、続けるためには不可欠な存在。人は継続さえすれば必ず成長すると信じています。何事も継続がまず第一歩。そのための「ご褒美」としてペースメーカーを設定しているのです。

　継続したとしても、惰性でやっていたら、やがて成長は止まります。継続できてからは、「少し負荷をかける」という第2段階へステップアップします。たとえば「○○マラソン（大会）にエントリーしよう」などと、次なる目標を設定します。設定したらすぐにエントリー。マラソン大会の応募は半年とか1年前だったりしますので、大会にエントリーさえしてしまえば、そこに向けておのずとやる気スイッチも入ります。一緒に走る仲間を募って、時々みんなでランニング練習をすると、楽しくランニングできるのと同時に「当日は仲間と一緒に最後まで走り切りたいな」などと、ほどよい緊張感も生まれます。

　継続がやがて自身の成長につながると信じて、皆さんもぜひ、上手にペースメーカーを取り入れてみてください。

上級 | 社会人の勉強法

43 ペースメーカーとして、資格試験を申し込む

この項目で押さえるべき重要なポイント

社会人の勉強はひとりでは継続しにくい。「ピア・プレッシャー」で自分の鍛え方を知ろう

- **人間の潜在的な能力**にそれほどの差はない
- 違いが出るのは、**潜在能力の引き出し方**に差があるから
- どのような環境に身を置けば自分の力が引き出せるか、それを自分自身で知ることから始めよう
- 「ピア・プレッシャー」とは、**仲間たちから受ける圧力、刺激**という意味である
- 社会人は、**自分より優秀な人たちからピア・プレッシャーを感じる環境で学ぶこと**で成長する
- 「いつまでにこの勉強をここまでやる」と決め、**ペースメーカーとして資格試験に挑戦する**のも手だ

自分の行動をチェックしてみよう

☐ 周囲に、自分より優秀な人たちがいる
　→ 自分より優秀な人、努力している人などが周囲にいますか？

☐ 優秀な人たちから、よい刺激や影響を受けている
　→ 優秀な人とともに学ぶことで、自身の成長を実感できています

☐ ピア・プレッシャーのために難関の資格試験を利用している
　→ ただ勉強するだけより、資格試験のような「区切り」を設け、より積極的に勉強しています

入社1年目の疑問・質問にすべて答えます

Q 社会人として本当に優秀な人と、単なる「意識高い系」
を見分けるポイントを教えてください。

A プロセスばかり語っているか、行動して成果を出しているかの違いで
はないでしょうか。結果を見れば、両者の違いは明白だと思います。
おそらく意識高い系の人は、著名な人を知っているとか、最新の知識
を得て誰かに話すことで満足してしまっていると思います。本当に優
秀な人は、あまり自分のことをペラペラとしゃべらず、**黙々と成果を
出すための努力をし続けている**はずです。

Q 資格試験以外のペースメーカーはありますか？

A 資格試験は、私の中で**勉強にお金をかけるギリギリ上限ライン**だと思
っています。本を買うお金を除けば、それ以上の出費をして勉強しよ
うとは思いません。お金をかけずに設定するのであれば、アウトプッ
トを意識することだと思います。勉強会を設定してそこで発表するこ
とでもいいし、いつまでにこの知識をマスターすると対外的に宣言す
ることでもいい。ポイントは「**締め切り**」「**巻き込み**」「**強制**」です。
ストイックで無口な人は黙って実行できるかもしれませんが、たいて
いの人は外に言ってしまうことで**自らプレッシャーをかけたほうがい
い**かもしれません。

Q 金融系の営業職がボイラー技師の資格を取るための
勉強をすることで、刺激になりますか？

A 興味があれば受ければいいと思います。本業には役立たないかもしれ
ませんが、学ぶ姿勢や達成感、まったく知らないことを知るという意
味で、**間接的には役立つ**かもしれません。ただ、興味がなければやっ
ても仕方がないので、その点は間違えないでください。

193

Q 会社で「資格手当」が出るものから
手をつけるべきでしょうか。

A きっかけはそれでも構いませんが、お話ししたように興味があるもの
でなければ続きません。人間は**モチベーションがないと動かない生き
物**だからです。資格手当が出るのは、その資格を取ることが、会社に
とってそれなりに意味があるからだと思いますので、その意味を理解
した上で自分がやりたいものを選ぶべきでしょう。

Q 級の低いものからコツコツ取得するべきか、
最終的にこのレベルを持っているのが
望ましいという級に挑戦すべきか、迷います。

A 勉強を長期にわたって継続するには、**小さな達成感を積み重ねていく
こと**が大事になります。そういう意味で、**レベルの低いものからコツ
コツ**とやっていったほうがいいでしょう。継続には、成功体験の積み
重ねが最も効きます。勉強が得意な人は、昔から勉強ができたのでほ
められ、ほめられたことを原動力にさらに勉強し、結果を出すのでま
たほめられる。それを繰り返してきたから、勉強を続ける動機が強い
のです。反対に勉強ができない人は、できないから怒られ、怒られる
からやる気を失って勉強しなくなる、さらにできなくなり、その惨憺
たる結果を見られてさらに怒られるというサイクルができてしまって
います。その悪循環に陥らないためにも、極めて簡単なものから始め
たほうがいいのではないでしょうか。

| 上級 | 人間関係 | 読み終えたらチェック □ |

「あえて言わせてください」で意見を言え

44

この項目で押さえるべき重要なポイント

意見を言うことはチームに参加すること。さまざまなチャンスを手に入れる鍵である

▼

- 発言してはじめて「**会議に参加した**」と言える

- 上司や先輩の目を気にして会議で発言できないのであれば、出席する意味がない。**積極的に意見を出す**よう心がける

- ただし、**伝え方には気を配る**。上司や先輩とは異なる、若い新鮮な意見を言うときは「もしかしたら役に立つかもしれないので聞いていただけませんか」など

- まずは相手に対して敬意を払い、その上で意見を言う。たとえば「○○さんの意見は勉強になりました。この部分は賛成です。1点だけ疑問に感じた点があるので〜」など「**イエス・バット**（Yes But）**法**」を使う

- 意見が認められなかったからといって、しつこく**食い下がらない**

自分の行動をチェックしてみよう

□ **常に自分なりの意見を持っている**
➡ 新入社員は意見など持たなくていいと考えていませんか？

□ **勇気をもって言うようにしている**
➡ 拙い意見を口にするのは失礼だと思っていませんか？

□ **伝え方を考えて自分の意見を言っている**
➡ 相手に伝わる言い方、敬意を払った話し方を心がけています

『入社1年目の教科書』
掲載番号（32）

195

入社1年目の疑問・質問にすべて答えます

Q 本当に「とんちんかん」な意見でもいいのですか？
ずれた意見を言うくらいなら、
黙っていたほうがマシというのが本音なのでは？

A おそらく「とんちんかん」であればあるほどいいような気がします。新人に求めているのは素直で考えすぎない、忖度しない、フレッシュな感覚です。当然、笑いをとるのではなく、**一所懸命考えた上での意見**であることが基本ですが。一見的外れな意見が案外本質をついていることもあり、上司からしたら、いい意味で「腹が立つ」意見だったりするのです。

Q 意見を言えと言われたから発言したのに、
「考えてから言え」と怒られました。
そう言われると、なかなか発言できなくなります。

A 難しいところですね。つまりその会社には、新人が新人らしい意見を言うことは受け入れられない風土があるのかもしれません。こうした意見を封殺される組織では、**有効な解決策はない**でしょう。ここでの前提は、みんながウエルカムであること。ウエルカムではない組織では通用しません。しかし、もしかしたら冗談半分で軽口を叩いているだけのケースもないことはないので、**3回ぐらいはトライ**して、それでもダメだったら様子を見てください。

Q 「素人目線ですが」
「ここに素人はいらねえんだよ！」
この状況で発言するのははばかられます。

A うーん、ウエルカムではないですね。しかし、**絶対に素人が必要な**のです、役に立ちますから。これも3回ぐらいまではトライしてみてください。そうしたら「意外と使える意見言うじゃねえか」という評価

になるかもしれません。上司や先輩の中には、停滞した状況を前に進めるため、若手に突破口を開いてほしいと考えている人もいます。素人目線の意見を聞いて、そういう人たちが何かに気づいてくれればプラス。そういう役割が、新人には期待されているのです。

上級 | 人間関係

45 上司にも心を込めてフィードバックせよ

── この項目で押さえるべき重要なポイント ──

本当に言うべきことを指摘できる部下は、
上司から信頼される

▼

- 耳の痛いことを進言してくれる率直な後輩は、上司や先輩から信頼されるもの
- 上司の仕事ぶりについて気づいたことがあれば、**もっとこうしたほうがよいのではないか**と意見することも大事なこと
- 外資系企業では、**部下が上司を評価する**「アップワード・フィードバック」をおこない、それに耳を傾けない上司は上司失格とされる。これまで、日本企業にはそうした文化がなかったが、最近では多くの企業が取り入れている
- 伝え方には**最大限配慮**した上で、本当に大切なことを伝えよう

自分の行動をチェックしてみよう

☐ フィードバックは、自分ではなく相手のためだと心得ている
　➡ 相手の誤りを指摘し、正しい方向に導くことは、人間としてよいおこないだと思っています

☐ 上司や目上の人にもフィードバックをしている
　➡ 指摘すべきことは、相手の年齢や立場にかかわらず、勇気をもってしっかりと指摘するようにしています

☐ ただし、伝え方には細心の注意を払っている
　➡ 「間違っているかもしれませんが、気づいたことを言ってもよろしいですか」と、一言添えてから伝えています

入社1年目の疑問・質問にすべて答えます

Q 今まではいい関係だったのに、
私がちょっと指摘したばかりに先輩がヘソを曲げて
しまい、それからは関係がギクシャクしています。
どうすれば改善できるでしょうか？

A そういうときこそ、向き合ってよく話し合ってみてください。食事に
行く、飲みに行くなどしてじっくり話をすれば、意外とスッキリする
かもしれません。最初は断られるかもしれませんが、あきらめずに誘
ってみてください。多くの場合、**ギクシャクしているときほど距離を
詰めたほうがいい**と思います。

Q 上司に指摘するときは、
ストレートに表現するほうがいいのでしょうか、
それとも婉曲表現を使ったほうがいいのでしょうか？

A 相手に指摘するとき、**人格否定ととられないような言い方をすること**
は非常に大事なことです。ハーバード・ビジネス・スクールでの体験
をお話しすれば参考になるかもしれません。クラスで議論をするとき、
アメリカ人は「I totally disagree」「I disagree with you」「I can
not disagree more」などと「I disagree（意見が合わない）」を連発
します。ところが、クラスが終わるとすぐに仲良く談笑しているのです。
言葉だけ見ると相手を厳しく非難しているように思えるかもしれませ
んが、実際は違います。**人とイシューを完全に分けている**のです。

これを参考にすれば、直接相手を攻撃するのではなく、**「問題を一般化
する」**という方法もあると思います。ライフネット生命では、社員で「ド
レスコード委員会」をつくりました。これはまさに一般化です。会社
にものすごく派手な服装で来る社員がいたとします。個別の問題とし
てその人に直接指摘するのではなく、すべての社員にあてはまるルー
ルとして一般化するのです。そうすれば、いらぬ摩擦は避けられると

199

思います。

Q 相手のプライドを傷つけない
指摘の仕方を教えてください。

A 「チームの生産性を上げ、私自身も成長したいので、3週間後に私がこうしたらいいと気づいたことを5つほど挙げてくださいますか。そのときに、私が気づいたことも2つ提案させていただきます」。こんなふうに、**指摘することそのものを前もって仕組み化**しておくと、指摘することが仕事になるので言いやすくなると思います。

Q 上司に対してどうしても許せないことがあるので
言ってやりたいのですが、
本人はまったく聞く耳を持たないキャラです。
いっそ人事部に持ち込んだほうがいいのでしょうか?

A 人事部に持っていくのは待ってください。口頭で聞いてもらえなければ、問題を書き出してみてください。率直に、かつ、ていねいに。こういうときは、**文章にしたほうが伝わる**と思います。

Q 「間違っていたらすみません」と前置きをしたら、
「それはキミが間違っている!」と真っ向から否定され
てしまいました。もう、何も言いたくありません……。

A こういう器の小さい上司との向き合い方は、かなり難しいですね。『入社1年目の教科書』では、そういうダメな上司は2割から3割はいるけれど、7割から8割の上司は話せばわかってくれるという「仮定」のもとに書いています。だから全否定してくる上司に対しては、残念ながら**「放っておいてください」**と言うしかないのですが、伝え方によっては受け入れてくれることもあるかもしれないので、**違う言い方でチャレンジしてみてもいいかもしれません**。

入社1年目のコンサルタント会社でもらった「通知表」

　私が新卒で入社したBCGでは、1つのプロジェクトが終わるごとに、上司から「通知表」をもらいます。

　たしか、査定の基準が100項目ぐらいあったと思います。それについて、直属の上司だけでなく複数の先輩社員が評価してくれました。そうした通知表を3〜4カ月に一度もらうので、自分を知る良い機会になっていました。BCGでは公平かつ多面的な評価がなされていて、評価のフィードバックを頻繁に受けられたので、若いころから自分のことを正確に把握できていました。

「キミは頭の回転が速い」

「論理的思考もできるし、付加価値も生み出すことができる」

「ただし、次のポジションに進むには、この点とこの点をできるようにしたほうがいい」

　上司からもらうのは、プラス面とマイナス面のフィードバックです。自分の強みを知ることができる一方で、これから取り組むべき課題も明確になりました。20代でこの経験ができたからこそ、成長のスピードが速まったと自覚しています。

　残念なことに、大人になるとフィードバックを受ける機会が極端に減ります。機会があっても、プライドが邪魔をしてなかなか素直に受け入れることが難しくなります。誰からも何も言われないほうがストレスフリーだと思うかもしれませんが、あなたの成長が望み薄になったと思われている可能性のほうが大きくなっています。

　逆に考えれば、フィードバックに厳しい言葉が含まれるのは、「あなたにはまだ成長（改善）する余地がある」という期待が込められているということです。

　若いうちはフィードバックを受ける機会が多く、強みも弱みも含め、すべてを素直に受け入れることさえできれば、あなたの成長のチャンスは無数に広がっていくでしょう。

| 上級 | 仕事術 | 読み終えたらチェック □ |

46 幹事とは、特権を得ること

この項目で押さえるべき重要なポイント

誰もがあまりやりたがらない
幹事を引き受け、
チャンスとフィードバックを得て成長する

▼

- 幹事には**特別な能力は必要ない**
- 幹事を引き受けたことで、そのイベントの**裁量権という特権**を手に入れることができる
- 幹事をやれる人は、周囲からの信頼を得ることができ、上司から**信用され、段取り力が上がる**
- 一緒に仕事をしたい人物。そう思ってもらえるようになるために大切なのが「信頼」である。幹事をやることで、**自身の「信頼」を高めることができる**
- 人が嫌がるようなことを積極的に引き受け、それを何としてもやり抜く人には、**チャンスが巡ってくる**

自分の行動をチェックしてみよう

□ 幹事役など、人が嫌がることを積極的に引き受けている
　➡ 面倒くさいと避けることなく、率先してやるようにしています

□ 周囲のアドバイスを受けながら、最後までやりきっている
　➡ 自分ひとりで抱え込まず、周りの力を借りながら進めています

□ 幹事役を通じて、周囲からの信頼を得ている
　➡ 幹事で得た信頼は、仕事とは別物だと思っていませんか?

『入社1年目の教科書』
掲載番号(40)

入社1年目の疑問・質問にすべて答えます

Q 幹事は、やはり特別な能力が必要だと思います。
普通にやっただけでは、みんながついてきてくれません。

A 特別な能力は必要ありません。幹事の能力は、**「気配りの量」**で決まります。みんなにどれだけおもてなしの心をもって配慮しているか。その点が最重要ポイントです。あなたの場合、気配りが少々足りなかったのではないでしょうか。もちろん、経験値も重要な要素です。つまり**「経験値×気配り」**です。だからこそ、どんどん幹事をやって経験を積んでください。経験したことがなければ、相手に対する想像力が働きません。どのような気配りをすればいいかわからないと思います。会場がわかりにくければ地図にルートを書いたものを回覧する、会場の入口が2つある場合も明確にわかる地図を渡す、おつりのために千円札を大量に用意しておく、遅れてきた人の会費をどうするか考えておく。気配りは無限にありますが、経験すれば自然と気づけるようになります。

Q 場数を踏むために幹事をやると、
時間がかかって仕事に支障を来してしまいます。
仕事の合い間にやろうとすると、
時間がなくてうまくできません。

A **立て続けに引き受ける必要はありません。**まず目の前のイベント、引き受けた幹事をていねいにやることを心がけてください。時間がかかるのであれば、誰かを巻き込んで手分けしてやるのも1つの方法です。

Q 必ず文句を言う先輩がいます。
どう対処すればいいですか？

A 仕方ありません、言わせておいてください。でも一応、何が文句のポイントか聞いておいて、改善できるものは改善しましょう。場合によ

っては、**その人に幹事を手伝ってもらってもいいかも**しれません。お店に文句をつけてくる人だったら、「どこか良いお店ご存じですか？」「どういうものがお好きですか？」「この3つのどれかにしようと思っていますが、どれがいいでしょうか？」と**巻き込む**のです。そこでもらったアドバイス通りのお店を選んだら、さすがに文句は言えなくなるはずです。**文句を言う人の中には、自分を頼ってほしいというタイプの人もいます。**そういう人には、どんどん相談して、有益なアドバイスをもらいながら進めていきましょう。

Q 「場所選びがなっていない」と言われました。

A 料金が高すぎた、お店が遠すぎた、お店までの道順がわかりにくい、場所が狭すぎた（広すぎた）、お酒と料理の質が悪かった、店員さんのサービスの質がよくなかった。なっていないポイントはこんな感じでしょう。この**感覚は参加者によって違うので、**メンバー、目的によって何を重視するかをよく考えてください。特に「**うるさがた」のメンバーには、必ず意見を聞いておいてください。**

Q お酒が飲めないので、酒席が好きではありません。それでも幹事はやるべきでしょうか。

A **酒席が好きではないのであれば、むしろ幹事役を引き受けましょう。**自分が幹事であれば、ダラダラとした飲み会にせず、**楽しい雰囲気のままサッと切り上げることもできます。**お酒が楽しめない分、食べものが充実したお店を選んだら、同じくお酒がそれほど好きではない人たちから感謝されるかもしれません。しらふだからこそ細かいところまで観察でき、宴会の間ずっと配慮し続けることができます。結果、あなたの評価は上がること間違いなしです。**幹事として動き回っていればお酒をすすめられることもないと思いますし**（仮にすすめられたとしても「幹事なので」と、かわすこともできます）、メリットがたくさんあります。

考えてみよう

記入日

42 自分にとって都合のいい先生を探せ

43 ペースメーカーとして、資格試験を申し込む

44 「あえて言わせてください」で意見を言え

45 上司にも心を込めてフィードバックせよ

46 幹事とは、特権を得ること

■ 42〜46について、あなたの仕事で具体的にどう活かしますか？

42

43

44

45

46

■ 42〜46について、職場などで話し合いましょう。

[話し合いで得た気づき]

上級 | 仕事術

47 宴会芸は死ぬ気でやれ

> **この項目で押さえるべき重要なポイント**
>
> 全力で取り組む姿勢に、
> あなたのトータルな人格が表れる

- 人は、**一緒に仕事をしていて楽しい人とまた仕事をしたい**と思うものである
- 楽しい人とは、仕事にも遊びにも**徹底して真剣に取り組む**ことができる人のことである
- 会社での「宴会芸」は1つの例である。宴会芸に本気で取り組める人は、**仕事も遊びも全力で楽しめる人**
- 全力でやることで、**周囲を盛り上げる力やここ一番での勝負強さ**が身につく
- 何事にも真剣に取り組み、全力を出しきる姿勢は、**信頼感**につながり、**次のチャンス**が巡ってくる

自分の行動をチェックしてみよう

☐ 仕事も遊びも本気で取り組もうとしている
   ➡ 宴会芸は1つのたとえです。何事も楽しもうとしていますか?

☐ 宴会芸は恥ずかしがらずに全力でやりきっている
   ➡ バカにしたり斜に構えたりせず、盛り上げようとしています

☐ ここぞというときに真価を発揮する人だと評価されている
   ➡ 宴会芸も仕事も、ここぞという場面では全力投球しています

『入社1年目の教科書』
掲載番号(41)

入社1年目の疑問・質問にすべて答えます

Q 宴会芸が死ぬほど嫌いです。
それでも死ぬ気でやるべきですか?

A そこまで言うのであれば、無理してやらなくてもいいです。実は、宴会芸をやること自体が目的ではなく、みんなで懇親したり、リフレッシュしたり、ホッとひと息ついたりする場なので、形はどうあれ、それに**貢献できているかということが重要**です。宴会芸が苦手であれば、宴会の**司会**や**幹事**として全力で盛り上げていけばいいのです。宴会芸をやらなくても、その場で貢献できることはたくさんあるはずです。あくまでこの**宴会芸はメタファー**です。ポイントはチームプレーの際、プレーヤーとして自身の役割に徹することができるか、みんなが楽しめるように献身的になれるか。そして何より、自分自身がどんなときも全力で楽しめる人なのか。そういう人が一緒に働きたいと思われ、誠実な人柄が信頼され、尊敬され、一目置かれるのです。

Q 宴会芸で会社における評価が決まってしまうのは
おかしいと思います。
納得できるように詳しく教えてください。

A 会社における評価が宴会芸で決まるわけではありません。仕事は多面的ですし、人間も多面的なので、普段の仕事では伝わらない側面が、非常にわかりやすく伝わるチャンスだということです。おとなしい人がハジけたことをやると、周囲は意外な一面があると認識します。それによってすぐに仕事上の評価が変わるわけではありませんが、「アイツ、意外と懐が深いな」「骨があるヤツだったんだな」「こんなに全力でやる人なのか」というように、その人の見方が変わることによってチャンスが巡ってくるのです。仕事は、**信頼関係が構築された人とするほうが、いい成果を出せる**と思います。仕事を離れたところで関係性を構築するせっかくのチャンスですから、利用しない手はありません。

209

Q 宴会芸の持つ意味合いについて、
もう少し知りたいところです。

A 宴会芸を**強要すればパワハラ**になります。だから、私は強要していませんし、今のご時世、強要する上司もいないと思います。お伝えしたいのは「やるといいよ」「楽しいよ」「得をするよ」ということ。やりたくない人はやらなくて構いません。ただ、宴会芸から得られるチームワークや勝負強さは、仕事とはまったくの別物とは言い切れない、と思います。チームワークはそれぞれの得意分野を活かしたり、みんながやらないことをやる人がいたり、**役割分担**という意味合いが強いもの。宴会芸におけるチームワークと、仕事におけるチームワークでその違いはありません。**勝負強さ**についても、宴会芸の完成度の高さやディテールへのこだわり、本番での力の発揮という面において、仕事の能力とつながるものがあると考えています。

Q 宴会芸もそうですが、社員同士で
休日にスポーツをしたり、バーベキューなどの
アウトドアイベントをしたりするのも苦痛です。
音痴なのでカラオケも苦手。
忘年会シーズンの12月が今から怖いです。

A 苦手なことを無理にやろうとせず、自分の**得意なことで力を発揮すればいい**と思います。ミュージカルの舞台でも、俳優だけが仕事ではありません。衣装、大道具、照明、プロデュースなどいろいろな役割があります。スポーツやカラオケ、バーベキューが苦手なら、場所探しや会計、調達など幹事役で輝けばいいのです。カラオケも盛り上げ役がいたほうが楽しいです。会社としてやっている行事であれば、何らかの形で参加しましょう。イベントは仕事の「プチ・プロジェクト」だと考えてください。予算がつき、チームが1つの目標に向かって作品をつくり上げるのです。さまざまな発見があったり、逆に発見されたりすることで信頼関係が構築されるのです。よく聞くのは、苦手と

210

いうより「今まで経験が（少）なかっただけ」「苦手意識や先入観があっただけ」というケース。「○○さんのおかげでイベントが盛り上がったよ、ありがとう！」「○○さんの意外な一面が見られてよかった」と言われれば、誰だって嬉しいものです。

上級	オフビジネス	読み終えたらチェック ☐

48 ペース配分を把握せよ

この項目で押さえるべき重要なポイント

休息は最高のパフォーマンスを
引き出すための、
最も重要なコンディショニングである

▼

- ●1日、1週間、1カ月。それぞれのどこに集中のピークをもっていくかという「**ペース配分**」を考える必要がある
- ●体調が悪ければ、その合い間に**思い切って休むのも仕事**のうち
- ●**ピークを設定するタイミング**を間違えると、パフォーマンスの質も左右されてしまう
- ●ペース配分を考えるとき、**最大限の力を発揮できる状態**を知ることがとくに重要になる
- ●その状態を知っていれば、いたずらに慌てる必要がなくなり、**集中すべきときがわかる**

自分の行動をチェックしてみよう

☐ **人は100%全力を常には出せない生き物であると理解している**
  ➡ ペース配分を無視して、がむしゃらに走り続けていませんか？

☐ **自分の今日の調子をわかっている**
  ➡ 体調と仕事のパフォーマンスの関係性について理解しています

☐ **自分の体調に合わせたペース配分を心がけている**
  ➡ 調子が悪いときは無理をしないようにしています

『入社1年目の教科書』
掲載番号(45)

入社1年目の疑問・質問にすべて答えます

Q 自分のペースを把握するコツはありますか？

A 自分が仕事をうまくできたときを振り返り、どういう状況だったかを再現してみてください。**仕事の分量＝作業時間 × 効率**という式がありますが、この効率に体調を含めたそのときの調子が関係してきます。それを体で覚えること。今は調子が悪いから時間がかかりそうだ。今は調子が乗っているからあと2時間でできそうだ。そういう感覚を持てるようになってください。

Q 集中しているときに限って上司が話しかけてきます。ペースが乱れて困ります……。

A 上司に「**これから1時間、集中してやりたいので**」と宣言してはいかがでしょうか。集中するためにイヤホンをしている人を見かけますが、イヤホンをしていると、話しかけにくいですし、上司が必要な指示をできなくなります。集中して取り組むときにはイヤホンをしてもいいと思いますが、悩ましいところです。最近では、人の声を遮断せずに雑音だけをカットできる**デジタル耳栓**のような商品も出ていますので、上手に活用するのも一案かもしれません。とはいえ、何も言わずに耳栓をして仕事をしていると印象はよくないと思いますので、デジタル耳栓を使う際も、「**この耳栓は、人の声が聞こえるものです**」と、上司に一言伝えておきましょう。

Q マラソンのほかに、ペース配分が上手になりそうな趣味はありますか？

A **料理**はいかがでしょうか？　料理はペース配分と段取りが問われるものです。**自炊はコンディショニングにも役立ちますので一石二鳥**。ときには家族や友人に手料理を振る舞えば、おもてなし力も磨くことができます。まさしく、いいことずくめです。

Q 営業の仕事は常に相手都合で動いています。
突然やってくるクレーム対応に追われ、
いつも予定が狂います。
そういう状況下でも自分のペースを
コントロールできるものなのでしょうか？

A ここで言っているペース配分は、「安定的なリズムで仕事をし続ける」
という意味ではありません。こうしたクレームが急に来たときも含め
たペースのことです。営業にとって顧客対応そのものはイレギュラー
な仕事ではないと思います。**納期の直前はバタバタする、月末の締日
は慌ただしいというのは、むしろ日常の風景です。**そういうことも含
めて、自分のペースで仕事を組み立てていくべきなのです。ほとんど
の仕事は、1日、1週間、1カ月、四半期、半期、1年と、それぞれある
一定のサイクルで動いているように見えます。「来週は月末で忙しくな
りそうだから、今週はなるべく定時で帰ろう」などと、**サイクルの中
で自分のペースを意識**してみてください。

Q 自分のペースを守っていて、成長できるのでしょうか。
多少無理をして負荷をかけることで、
成長の「ペース」は変わってくるような気がしますが……。

A この質問も同じです。**自分のペースを「守ること」ではありません。**
いろいろな場面で、与えられた時間と状況下でどのようにすれば自分
の最大限の力を出し、最大の成果を出せるのか。それが自分のペース
という意味です。その過程で、いや応なしに追い込まれることもあり
ますが、それに挑戦することが、いつもより負荷をかけることになる
と思います。負荷には**縦の負荷と横の負荷**があります。縦はやったこ
とがある仕事に、さらに速く仕上げるなど**プレッシャーをかけること。**
横の負荷は、**やったことがない仕事に挑戦する**ことです。今の状況の
中で、そうした負荷をかけられるようにペース配分するのです。

| 上級 | 人間関係 | 読み終えたらチェック □ |

社内の人と飲みに行くな

49

この項目で押さえるべき重要なポイント

いつも同じ顔ぶれとつき合うのではなく、
多様な人とつき合うことで
成長を加速させる

▼

- 社内の人とは、**飲みに行かなくても仲良くなれる**
- 共通の趣味、会社内のスポーツ活動、朝活など、**コミュニケーションを取る手段はいくらでもある**
- 可能な限り、**夜は社外の人と飲みに行く**ほうがいい
- いつも同じようなメンツで飲みに行っていると、仕事に欠かせない人づき合いが広がっていかない
- コミュニケーションの**時間・場所・内容・相手を変えていく**ことで、成長に欠かせない人脈が広がっていく

自分の行動をチェックしてみよう

□ 毎日同じような顔ぶれで飲みに行かないようにしている
　➡ いつも同期や同じ部署の人と飲みに行っていて、成長するための刺激を受けられますか？

□ 社内の人とのコミュニケーション手段をいくつか知っている
　➡ 朝早めに出社して雑談をするなど、飲み会以外のコミュニケーション手段があることを理解しています

□ 社外の人と飲みに行く機会を持つようにしている
　➡ いつもと違う人たちと交流する機会を、意識的につくろうとしています

『入社1年目の教科書』
掲載番号（48）

215

入社1年目の疑問・質問にすべて答えます

Q 朝活と「飲みニケーション」以外の
コミュニケーション手段はありますか?

A 週末一緒に何かをする。**ランチ**。忘年会の**幹事**を一緒にやる。**社内勉強会**など、ほかにもいろいろあります。

Q 金銭的な余裕がありません。
社外の人とお金をかけずに交流する手段はありますか。

A **Facebook**はどうでしょうか。バーチャルですが、原則実名でのやりとりですから、会っていなくても会っているかのように交流できるかもしれません。

Q 社内と言っても広いと思います。入社1年目の当面は、
社内とのつき合いだけでもいいのではないでしょうか。

A 社員数が多く、部署の数も多い大きな会社であれば、**同期の先輩を交えて飲むのはいいこと**だと思います。同期がバラバラの部署に配属されていれば、得るものも大きいでしょう。ただ、社内の飲み会の話題は人事ゴシップと会社や上司の悪口や恋愛ネタばかりに偏りがち。それを避けるために『**入社1年目の教科書**』について語り合うのはいかがでしょうか。同期だけでは盛り上がりに欠けるので、中堅、ベテランの先輩を招待し、議論してみるのもいいでしょう。

Q 部の先輩がママ社員で、いつも必死で働いて時短で帰宅。
飲み会どころか、仕事のちょっとした質問もしにくい
状況です。どうやって話しかければいいでしょうか?

A メールで「今度お話ししてみたいんですけど、時間をいただくことは可能でしょうか?」と伝えてみては? **相談事項を3つくらい書いて**送れば、何かしらの反応が返ってくると思います。

216

上級 | オフビジネス　　読み終えたらチェック

小さな出費は年額に換算してみる　50

この項目で押さえるべき重要なポイント

無意識の出費を見える化し、
自身のお金の使い方を見直す

▼

- **節約の意識**は素晴らしい。今後も継続すべきである
- 同様に、日々の**無意識の出費**にも気を配るべきである
- 「コンビニでの買い物」「自動販売機での飲み物の購入」「ATMの引き出し手数料」など、無意識の出費がかさんでいないか確認する
- 高額の出費に対する節約の意識はあっても、**少額の出費に対する意識が低ければ、トータルの出費は減らない**
- 意識づけをするために、**少額出費を年額に換算**する
- 小遣い帳をつける、小銭入れで管理するなど、自分に合ったやり方で**お金の使い方の見直し**をしよう

自分の行動をチェックしてみよう

☐ 意識していないムダな出費があることに気づいた
　➡ 100円単位の不必要な出費があることに気づきました

☐ 無意識に支払っているお金を洗い出した
　➡ お財布の中身だけでなく、交通系ICカードの残額などもチェックしています

☐ 自身のお金の使い方について、真剣に考えている
　➡ お金の使い方より、仕事のことを考えるほうが大事だと思っていませんか？

『入社1年目の教科書』
掲載番号 (50)

入社1年目の疑問・質問にすべて答えます

Q コンビニでの買い物、ATMの手数料以外に、
意識したほうがいい少額出費はありますか？

A 入社1年目はまだ加入していないでしょうが、**生命保険**でしょうか
（笑）。意識しないで使ってしまうという意味では、ICカードやクレジ
ットカードも要注意。そして、何と言っても**スマホ**です。ただ、こう
した出費を意識する以前に、皆さんの問題は小銭の出費をほとんど意
識していないことです。カフェ、缶コーヒー、コンビニでの買い物、
ミネラルウォーター、モーニング、ごほうびスイーツ。数え上げたらキ
リがないほど**100円単位の出費**をしているはずです。高額な出費は抑
えているはずでも、少額な出費をたくさんしてしまっていては意味が
ありません。少額の出費を意識するだけで、**お金の感覚は変わる**はず
です。

Q 年額換算以外に、
小さな出費を抑えるテクニックはありますか？

A 「**利回り換算**」は有効です。ATMの時間外手数料は、1万円を引き出
すのに216円支払うとすると、**約2.2%**になります。現在の預金金利を
考えると、それがとてつもなく高いことがわかるはずです。家計簿をつ
け、生活費はお財布を別にして現金で支払えば、出費は抑えられます。

Q 節約、節約で息が詰まりそう。
赤字でなければよくないですか？

A たしかに。赤字にならなければいいのですが、将来どうにかなるとい
う見通しがあるならまだしも、その日暮らしでやっていけるのか、心
配になってしまいます。セコセコした節約をやる必要はないと思いま
すが、**無意識の悪習をちょっとだけ修正する**だけで変わることが、た
くさんあるような気がしてなりません。

1時間・1日・1年あたりで換算するクセをつける

　ビジネスシーンでよくある紹介手数料や成功報酬は、基本的に元本に対する割合を基準に考えます。それと同じように、「自分の使ったお金が、自分の給料の何％になるか」ということを常に意識するのは、ビジネスパーソンとして必要な姿勢だと思います。

　給料の30分の1を求めて日給換算したり、時給換算した数字と比較したりして考えてみるのも1つの方法です。月収20万円の人が1日に稼ぐ金額は1万円前後（休日は除いて換算）です。それを8時間労働で割ると1200円程度になります。

　コンビニでの買い物が、1回あたり1000円だとすると小さな金額に思えるかもしれませんが、1時間分の労働に対する報酬が吹っ飛んでいると考えると、笑えないと思います。

　最近は高額なランチを食べる人は少なくなっているようですが、ランチに600円、カフェで400円、それにお菓子などを数百円分買えば、やはり簡単に1時間分の労働と同じ金額が消えていきます。

　ちなみに私は旅先でレンタカーを借りるとき、1日1000円程度ですが、車両保険に入りません。職業病なのか、無意識のうちに30倍、365倍で計算してしまいます。

　1日1000円を30倍すると月3万円、さらに12倍すると年間36万円。通常の車両保険は毎日乗って月5、6万円です。実質運転するのは数時間なのに1000円は、どうしても高いと感じてしまいます。

　社会人になったら、お金を何かに換算するクセをつけましょう。
　といっても、ケチケチせよ、という意味ではありません。
　お金はさまざまな「ものさし」を当てることで、まったく違った見え方をする。このことを知るためです。
　何かと比べることによって改めて価値をはかり直し、その結果が自分にとって価値があるかないかを判断する。こうした習慣は、ビジネスにおいても大いに役立つはずです。

考えてみよう

記入日 _____

47　宴会芸は死ぬ気でやれ

48　ペース配分を把握せよ

49　社内の人と飲みに行くな

50　小さな出費は年額に換算してみる

■ 47〜50について、あなたの仕事で具体的にどう活かしますか？

47

48

49

50

■ 47〜50について、職場などで話し合いましょう。

[話し合いで得た気づき]

上級編
振り返り

記入日 _____

■ ここまでの気づき、学びを書き出しましょう。

■ 実際の仕事で活かせたことを書きましょう。

[上司・先輩・同期、もしくは「1年後の自分」からのアドバイス]

記入日

おわりに

金融工学の教授が教えてくれた
「お金より大切なもの」

　ハーバード・ビジネス・スクールに留学中、とても印象的な授業がありました。

　授業の担当は、ロバート・マートンという老教授でした。

　マートン教授は、1997年のノーベル経済学賞を受賞した著名な経済学者。授賞理由は、デリバティブの価格づけに関する「ブラック・ショールズ方程式」を数学的に証明したことです。ブラック・ショールズ方程式とは、フィッシャー・ブラックとマイロン・ショールズという2人の経済学者が、1973年に共同で発表した現代金融工学の嚆矢（はじまり）となった理論です。

　その後、マートン教授は投資銀行のソロモン・ブラザーズの天才たちとともに「LTCM」という伝説の投資ファンドを設立します。LTCMは総資産が1兆円規模まで膨らみ、世界の金融ビジネスに絶大な影響を及ぼしました。

　ところが、1998年のロシア危機や2008年のリーマン・ショックによって資産価値が大幅に下落、ファンドは破たんし、金融市場を危機に陥れてしまったのです。ノーベル経済学賞を受賞したマートン教授の名声に傷がついた感は否めませんでした。

　マートン教授の授業は年間30回おこなわれ、ケーススタディを中心とした授業は、興味深い内容で多くの学生に人気でした。

　最後の回は、教授が深く関わったLTCMのケースです。どのような思いで授業をされていたかは知る由もありませんが、すべての授業が終わったあと、マートン教授は私たち学生にはなむけの言葉を贈ってくださったのです。

「きみたちも、これからのキャリアの中で大変なことやつらいことに直面することもあるだろう。でも、絶対に、絶対に負けないでほしい」

マートン教授は、涙を流しながら語ってくれました。

教授の体験を想像すると、身につまされました。そして、そのあとに続いた言葉が、私にとって忘れられない言葉になったのです。

「きみたち若者のいちばんの資産は、金融資産ではない。ヒューマンキャピタルだ。これからはヒューマンキャピタルを増やすことを考えなさい」

ヒューマンキャピタル。直訳すれば「人的資本」。つまり、自分そのものです。若い人たちにとって価値があるのは、お金よりも自分自身──。

このメッセージは、当時20代後半だった私の心に強く響き、その後の私の人生を一変させました。

その後のキャリアにおいて、私が「何がなんでもヒューマンキャピタルを増やすことを一番に考えよう」と思うようになったのは、この言葉がきっかけだったのです。

◉ 3つのヒューマンキャピタル

2011年に『入社1年目の教科書』を出版してから、仕事のやり方、新入社員の働き方、キャリア形成に関して多くの取材・講演依頼・質問を受けるようになりました。

「どうしてMBAを取ろうと思ったのですか?」

「なぜ外資系企業を辞めて、起業することを決意したのですか?」

「大学院留学は、社会人になる前にすべきですか?」

「社会人になって、取っておいたほうがいい資格は何ですか?」

「キャリアアップのために、今何をすればいいですか?」

たくさんの質問を受けるなかで、ふと気づきました。

「そういえば『入社1年目の教科書』で伝えていないことがあった」

それが、ヒューマンキャピタルの増やし方についてです。

まずは、目の前の仕事をしっかりやる。それが、いち早く自分を高めることにつながります。もう1つは、常に学んで自分を磨いていくこと。さらに仕事、勉強、留学、趣味、転職……。若い人にとって最も価値ある「（自分という名の）資産」を増やす方法は思っている以上にいろいろあります。

1 仕事で培ったビジネススキル

2 教養や資格、体力といった、広い意味での個人としての能力

3 個人としての能力を最大限に発揮するためのネットワークなど他者の力

これが、ヒューマンキャピタルが意味するところです。つまり数十年間にわたって収入を生み出す「種」となる、ありとあらゆるものがヒューマンキャピタルだということです。

若い人は、「まだ自分には何もない」と思いがちです。

貯蓄もないし、収入も多くない。仕事のキャリアだって……。

本当にそうでしょうか。

この先に入ってくるものが最も多いのは新入社員です。お金やキャリア、自分の才能を最大化するための「体力」「時間」「チャンス」を持っているのも若い人です。

そしてあなたの周りには、尊敬すべき先輩方がたくさんいるはずです。他者の力を自分の力にできていない人も多いことでしょう。

若い人が増やすべきは、手元のお金よりも自分自身の価値。そう考えると、マートン教授のメッセージが腑に落ちると思います。

自分自身の価値を高めていくには、まさしく「はじめに」でお話しした「信頼される人材」になることが第一歩です。

●入社1年目の皆さんの最大の財産は「働けること」

『入社1年目の教科書』を通じて、拙著に関する講演や勉強会など を通じて、私はこれまで何十万人もの新入社員を応援してきました。

働く人を応援する。

ライフネット生命も、同じ思いで起業しました。

生命保険会社を起業しようと「ネットライフ企画」を立ち上げた 2006年から、今年でまる12年を迎えようとしています。

創業から5年目の2010年、ライフネット生命は新たな試みをス タートさせました。

2010年2月に国内生保として初めて、個人向け長期就業不能保 険「働く人への保険」を発売したのです。これは病気やケガなどで 長期にわたって仕事ができなくなったときに、給料代わりに毎月給 付金を受け取れる保険です。

諸外国では当たり前のように加入されているこの商品ですが、わ が国ではこれまでこの領域の保障の必要性が浸透せずに、普及が進 んできませんでした。

働きたくても働けない人を応援する。

新たな市場の開拓に挑戦しました。あれから早8年。大手生命保 険会社の参入もあり、ようやく「働けなくなるリスク」に関する認 知や関心も高まりました。

2017年には、さらに「働きたくても働けない人を応援する」試 みをスタートさせました。働きながらがん治療することをサポート するがん保険「ダブルエール」を発売したのです。

がんを実際に経験された方々の話に徹底的に耳を傾けました。

治療費だけではなく、働けなくなったことによる収入減少をサポ ート。安心して治療に専念できるよう治療が続く限り毎月10万円 を回数無制限でお支払いする「治療サポート給付金」といった制度 を設け、体調が優れないときの家事代行なども利用できるような、 真に困っている人に寄り添うものを開発しました。

20代、30代でがんにかかる確率は、1000人に1人といわれています。しかし、生涯でがんに罹患する確率は、男性62％、女性46％、実に2人に1人ががんと生きていくことになるのです。

私から入社1年目の皆さんへお伝えしたいことがあります。

言うまでもありませんが、皆さんが今手にしている最大の武器は、「働けること」です。

健康で仕事があり、働きに行く会社がある。これほど幸せなことはありません。

がんの治療をしながら仕事を続けることは、治療費を稼ぐという経済的な意味だけでなく、患者が社会と関わり続けることで、生きる力をみなぎらせるという意味も大きいです。

そう、あなたはすでに社会の一員として、会社や仕事を通じて社会貢献をしている1人でもあるのです。

ぜひ、仕事を通じてご自身を成長させて、長いキャリアの中で、より大きな社会貢献を実現させてください。

そして私と一緒に、あらゆる人たちが働きやすい、生きやすい社会をつくっていきましょう。

最後に本書を執筆するにあたり、ダイヤモンド社の和田史子さん、原稿をまとめてくださった新田匡央さん、『入社1年目の教科書』同様、素晴らしいデザインを手がけてくださった轡田昭彦さん、坪井朋子さんにもお礼を申し上げます。

2018年1月
　　　ライフネット生命保険株式会社　代表取締役社長　岩瀬大輔

巻末特典

ビジネスパーソン
の
基本動作

メモのコツ

1 1行目に日付を記入。誰かと会うときは相手の会社名・名前も
2 当日質問したいこと、確認したいことなどを書いておく（予習）
3 その場で気づいたことを、行を空けて箇条書きでメモ（本番）
4 終わった後に読み返し、さらなる発見や質問を加筆（復習）

[メモの例] （岩瀬大輔流・メモ術 37ページより）

20XX/1/13　M社社長・M.O.さん

① 自己紹介

　（将来は会社を経営したいと思っていることと簡単な経歴）

② 伺いたいこと

　　☑ ビジネスパーソンとしての魅力、強み

　　☑ 周りの人がサポートすべき弱み

　　☑ 次のキャリアにおける Risk と Reward, KSF （Key
　　　Success Factors 成功するカギ）

● 好奇心、いいヤツ、惚れやすい←嗅覚がすごい

● 事務処理能力は高くない。若い人を助けたがる傾向あり

● Mさんからのアドバイス

　　□ 人は1人では何もできない。支える人が必要

　　□ 100%なんてわからない。信じることも必要

　　□ Risk のないところに Return などない

↓

◎追加で伺いたいこと

　　● 人を見るときに重視する点は？

　　● Tさんをなぜそこまで信頼しているのか？

アポ取りのコツ

1 電話でのアポ取り

① 時間をいただきたい(「お願い」を伝える)

② その時間とは「○○の説明をする」ためである(「会う目的」を伝える)

③ (相手が興味をもってくれたら)日程の候補をいくつかもらう

④ 詳細な資料を送るためのメールアドレスを聞く

2 メールでのアポ取り

① 時間をいただきたい(「お願い」を伝える)

② その時間とは「○○の説明をする」ためである(「会う目的」を伝える)

③ (メールが長くなりそうだったら)詳細は下記をご覧ください

④ (OKなら)日程候補を3〜5つあげる(2週間〜1カ月先くらいで)

⑤ 所要時間は30分程度であることを明記する

⑥ できましたら、○日までにお返事をいただけるとありがたいと期限を書く(1〜2週間ほど余裕を持たせること)

⑦ 返事がない場合には電話もしくは「先週メールを差し上げた件ですが、届いておりますでしょうか」とメールで確認

⑧ それでも返事がなければ、「この案件を終わらせる」メールを出す「2度ほどメールをお送りしましたが、お返事をいただけなかったので、お忙しいものと拝察いたしました。機会がございましたら、またよろしくお願いいたします」

3 アポが取れた後にすること

① 当日見せる資料を準備する

② アポの前日に「明日○月○日(○)○時より貴社に伺いますので、よろしくお願いいたします」とリマインドメールを送る

③ 当日までに目を通してほしい資料などがあれば、メールに添付

④ ただし、アポ当日にその資料を相手が持っていないこともあるので、プリントアウトして持参しておくと安心

⑤ パワーポイントなどパソコン画面を相手に見せたい場合には、相手の会社にプロジェクターがあるかどうかも確認する

これさえ覚えておけば完璧！　敬語の基本一覧表

ほかにも表現はありますが、基本的なものだけまとめました。
しっかり押さえておきましょう。

●基本の尊敬語・謙譲語一覧

動詞	尊敬語	謙譲語
会う	お会いになる	お目にかかる
与える	お与えになる	さしあげる
言う	おっしゃる	申しあげる
行く	いらっしゃる、おいでになる	伺う、参る
聞く	お聞きになる	伺う、拝聴する
来る	いらっしゃる、お越しになる	伺う、参る
知る	ご存じ	存じ上げる
する	なさる	いたす
食べる	召し上がる	いただく
見せる	お見せになる	ご覧に入れる、お目にかける
見る	ご覧になる	拝見する
読む	お読みになる	拝読する

●これだけは押さえておきたい「ていねいな表現」

あっち、こっち、そっち、どっち ➡ あちら、こちら、そちら、どちら

さっき、あとで ➡ 先ほど、後ほど

ちょっと ➡ 少々

やっぱり ➡ やはり

わかりました ➡ 承知しました

入社1年目の教科書 ワークブック｜ジャンル別チェックリスト

本書で紹介している「50のルール」を、次のとおりラベル分けしました。
それぞれの項目について、テーマ別にできているか確認したいときに活用ください。

ビジネスマナー

- [ ] 01 何があっても遅刻はするな (1) ……… 024
- [ ] 02 メールは24時間以内に返信せよ (2) ……… 028
- [ ] 07 朝のあいさつはハキハキと (13) ……… 046
- [ ] 11 敬語は外国語のつもりで覚えよ (33) ……… 062
- [ ] 20 「早く帰ります」宣言する (14) ……… 094
- [ ] 21 コミュニケーションは、メール「and」電話 (19) ……… 102

仕事術

- [ ] 03 「何のために」で世界が変わる (3) ……… 031
- [ ] 04 質問はメモを見せながら (8) ……… 033
- [ ] 05 頼まれなくても議事録を書け (10) ……… 038
- [ ] 06 アポ取りから始めよ (12) ……… 042
- [ ] 08 仕事は総力戦 (18) ……… 050
- [ ] 14 ミスをしたら、再発防止の仕組みを考えよ (38) ……… 073
- [ ] 16 単純作業こそ「仕組み化」「ゲーム化」 (4) ……… 086
- [ ] 17 仕事の効率は「最後の5分」で決まる (6) ……… 088
- [ ] 18 仕事は復習がすべて (9) ……… 090
- [ ] 19 会議では新人でも必ず発言せよ (11) ……… 092
- [ ] 22 ファイリングしない。ブクマもしない (21) ……… 104
- [ ] 27 叱られたら意味を見出せ (39) ……… 122
- [ ] 33 カバン持ちはチャンスの宝庫 (5) ……… 152
- [ ] 34 予習・本番・復習は3対3対3 (7) ……… 156
- [ ] 35 仕事は根回し (15) ……… 158
- [ ] 36 仕事は盗んで、真似るもの (16) ……… 160
- [ ] 37 情報は原典に当たれ (17) ……… 166
- [ ] 46 幹事とは、特権を得ること (40) ……… 202
- [ ] 47 宴会芸は死ぬ気でやれ (41) ……… 208

人間関係

- ☐ 12 相手との距離感を誤るな **(34)** ……… 066
- ☐ 13 目上の人を尊敬せよ **(35)** ……… 070
- ☐ 26 感動は、ためらわずに伝える **(36)** ……… 119
- ☐ 29 苦手な人には「惚れ力」を発揮 **(44)** ……… 129
- ☐ 30 同期とはつき合うな **(46)** ……… 134
- ☐ 31 悩みは関係ない人に相談 **(47)** ……… 138
- ☐ 44 「あえて言わせてください」で意見を言え **(32)** ……… 195
- ☐ 45 上司にも心を込めてフィードバックせよ **(37)** ……… 198
- ☐ 49 社内の人と飲みに行くな **(48)** ……… 215

社会人の勉強法

- ☐ 09 本を速読するな **(20)** ……… 054
- ☐ 23 社会人の勉強は、アウトプットがゴール **(25)** ……… 107
- ☐ 24 新聞は2紙以上、紙で読め **(29)** ……… 110
- ☐ 38 まずは英語を「読める」ようになれ **(22)** ……… 170
- ☐ 39 目の前だけでなく、全体像を見て、つなげよ **(23)** ……… 174
- ☐ 40 世界史ではなく、塩の歴史を勉強せよ **(24)** ……… 177
- ☐ 41 脳に負荷をかけよ **(26)** ……… 180
- ☐ 42 自分にとって都合のいい先生を探せ **(27)** ……… 188
- ☐ 43 ペースメーカーとして、資格試験を申し込む **(28)** ……… 192

オフビジネス

- ☐ 10 スーツは「フィット感」で選べ **(31)** ……… 058
- ☐ 15 休息を取ることも「仕事」だ **(42)** ……… 076
- ☐ 25 仕事に関係ない人とランチせよ **(30)** ……… 116
- ☐ 28 ビジネスマンはアスリート **(43)** ……… 126
- ☐ 32 何はともあれ貯蓄せよ **(49)** ……… 141
- ☐ 48 ペース配分を把握せよ **(45)** ……… 212
- ☐ 50 小さな出費は年額に換算してみる **(50)** ……… 217

［著者］

岩瀬大輔（いわせ・だいすけ）
AIAグループ
経営会議メンバー兼グループCDO（チーフデジタルオフィサー）
ライフネット生命保険株式会社取締役会長

1976年埼玉県生まれ。1997年司法試験合格。1998年、東京大学法学部を卒業後、ボストン コンサルティング グループ等を経て、ハーバード大学経営大学院に留学。同校を日本人では4人目となる上位5％の成績で修了（ベイカー・スカラー）。2006年、副社長としてライフネット生命保険を立ち上げ、2013年より代表取締役社長、2018年6月より現職。同年7月より18の国や地域に拠点を有するアジア最大手の生命保険会社であるAIAグループ（香港）に本社経営会議メンバーとして招聘される。
著書は『入社1年目の教科書』（ダイヤモンド社）、『ハーバードMBA留学記──資本主義の士官学校にて』（日経BP社）、『生命保険のカラクリ』『がん保険のカラクリ』（共に文春新書）、『ネットで生保を売ろう！』（文藝春秋）など多数。

入社1年目の教科書 ワークブック

2018年1月24日　第1刷発行
2019年3月27日　第2刷発行

著　者────── 岩瀬大輔
発行所────── ダイヤモンド社
　　　　　　　　〒150-8409　東京都渋谷区神宮前6-12-17
　　　　　　　　http://www.diamond.co.jp/
　　　　　　　　電話／03-5778-7236（編集）　03-5778-7240（販売）
編集協力────── 新田匡央
装丁,本文デザイン,DTP ── 鑓田昭彦＋坪井朋子
校正────────三森由紀子、鷗来堂
製作進行────── ダイヤモンド・グラフィック社
印刷──────── 勇進印刷（本文）・加藤文明社（カバー）
製本──────── ブックアート
編集担当────── 和田史子

Ⓒ2018 Daisuke Iwase
ISBN 978-4-478-01787-6
落丁・乱丁本はお手数ですが小社営業局宛にお送りください。送料小社負担にてお取替えいたします。但し、古書店で購入されたものについてはお取替えできません。
無断転載・複製を禁ず
Printed in Japan

◆ダイヤモンド社の本◆

40万人が読んだ仕事の教科書!

新人はもちろん、後輩指導や部下育成のバイブル、新人研修の教科書として読まれているロングセラー。「仕事に取り組む姿勢」と「実際にどう動けばいいか」を教えてくれる本。巻末には「おすすめ本」「おすすめTwitter」も収録。仕事で悩んだときや迷ったときに、何度も読み返したくなる一冊!

入社1年目の教科書
岩瀬大輔 [著]

●四六判並製 ●定価(本体1429円+税)

http://www.diamond.co.jp/